いちばんわかりやすい
料理のきほん

クレア 編著

マイナビ

はじめに

生命は「もの」ではなくて、生きてるっていう「こと」。

だから、
毎日、新しい元気を作り出すには
「食べもの」だけでは足りなくて
「料理」や「食事」という「こと」が必要かもしれません。

「食べもの」は、いつでも便利に手に入る時代ですが、

「何をどう食べようか考えること」「料理を作ること」

「食卓をととのえること」「食事をたのしむこと」

そういう「こと」に、ちょっとだけ時間と自分を使ってみましょう。

そのとき役に立つように、この本を作りました。
誰かといっしょでも、一人でも、
お料理を作って食事をしてみてください。
「食べもの」だけを補給している毎日の、スカスカした心や身体に、
なんだが、やさしい元気が満ちてくるから不思議です。

いちばんわかりやすい 料理のきほん　目次

第3章　素材を生かす調理の基本

第4章　おいしくておしゃれな「基本の料理」

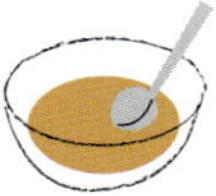

第5章 定番料理を作ってみよう

料理の言葉、索引

第1章
Chapter 1
毎日の食事

お料理を作る頻度は人それぞれ。
ムリな目標を立てると、
料理嫌いになってしまうだけです。
季節によって移り変わる農作物・食材を
「新鮮でおいしそう」と感じる感覚。
料理をしないときでも、
そんなアンテナは磨いておきたいですね。

食事のことを考える

あたりまえのことですが、食事をしないと人は生きていけません。毎日、忙しい生活だからこそ、食事についてもっと大切に考えてみましょう。

大切にしたい毎日の食事

朝は時間がなかったのでコーヒーだけ。昼間はコンビニで買ったおにぎりかファストフード。午後、お菓子をつまみ、夜は仕事が忙しかったのでまたまたコンビニへ。あるいは友人と居酒屋へ、シメにラーメンを食べて帰宅。またあるときは話題のレストランへ。そして、翌朝も時間がなかったので…。ときどきはそんなことがあるかもしれ

ません。

「アレ？　今日はいったい何を食べたっけ？」という人もいるかもしれません。

でも、そんな生活が続いているとなんだか体調がよくなかったり、イライラしてきたりしませんか。

1日3回、1カ月で約90回。1年で約千回の食事のうち、どれぐらいの割合で健康的な食事がとれているでしょう。

毎日毎食はむずかしくても、「自分で料理をする日」を少しずつ増やしてみましょう。身体にも心にも美容にも、いろいろといいことが起こるはずです。

よい食材＋加熱。シンプルな原則

料理を作るときは、おいしそうなできあがりのイメージを持つことが大切です。

しかし、ステキな料理が何皿も並んだ食卓をイメージしてそれに近づけようとすると、おっくうに感じてしまうことがあります。料理が苦手という人や、疲れて何もしたくないとき。

そんなときはハードルをもっとうんと低く設定してみましょう。

料理のいちばん基本的な目的は食物を食べやすく、消化しやすくすることです。それがおいしさにもつながっています。

新鮮なよい食材はあまり手をかけなくてもおいしい場合が多いもの。

まずは、ゆでたり、炒めたり、カンタンなことをしてみましょう。

味つけはできあがりに塩を少々ふって。または、好みの調味料を使ってもいいでしょう。

さあ、これを炊き立てのごはんとともに食卓に並べてみると…。

意外においしい素朴で健康的な食卓のでき上がりです。

お料理の習慣は、そんなところからスタートさせてみるのがいいかもしれません。

栄養の話

食物には身体を健康に保ち活動するために必要な栄養素が含まれています。炭水化物、脂質、たんぱく質が3大栄養素で、これに身体の調子をととのえる無機質(ミネラル)、ビタミンを加えて5大栄養素といいます。

サプリメントや栄養補助食品などで、さまざまな目新しい機能性成分の名前を目にしますが、これらは不可欠ではないけれどとると健康に役立つ成分のこと。重要な5大栄養素は毎日の食物からバランスよくとることが理想です。

炭水化物(糖質)

エネルギーの源となる栄養素。主にごはん、パン、めん類、いもなどに含まれる。じっとしていても睡眠中でも、身体は内臓を働かせ基礎代謝を行っているので最低限のエネルギーが必要。脳にとっても大切な栄養素。

脂質

炭水化物とともにエネルギー源になる栄養素。サラダ油、オリーブ油などの植物性油脂と、肉などに含まれる動物性油脂がある。皮膚など身体の組織を作る働きもあるので、ダイエット中でも適度に必要。

たんぱく質

身体の組織を作るための栄養素。筋肉や内臓、皮膚、髪の毛や爪、血液などを作り出すために使われる。エネルギーとしても使われる。主に肉や魚介、卵、大豆、牛乳・乳製品などに含まれる。米や小麦粉などにも含まれる。

無機質（ミネラル）

身体のさまざまな組織を作り、身体の調子をととのえる働きをする。骨や歯を作るカルシウム、血液や筋肉で働く鉄。心臓に大切なカリウム、神経に働くマグネシウム。リン、亜鉛などがこの仲間。さまざまな食物に微量に含まれる。

ビタミン

ビタミンA、B、C、Dなどでおなじみ。３大栄養素の機能を助け、身体の調子をととのえる。水溶性と脂溶性がある。

食材を知る

一年中店頭に並ぶ野菜などもたくさんありますが、農作物や水産物には本来、実る季節やおいしい時期があります。その時期をその食材の旬といい、おいしくて栄養も豊富、価格も手頃です。

春

少しずつ気温が上昇し、草木が芽吹く季節は身体の代謝も活発に。春の野菜独特のかすかな苦味は身体を目覚めさせる働きがあるといわれます。

旬の食材

その他　うど、セロリ、ぜんまい、三つ葉、にら、ふきのとう、サヨリ、マダイ、ニシン、メバル、シラウオ、イイダコ、アサリ、ワカメ、モズクなど

夏

たっぷりの日光を受けてぐんぐん育つ夏の野菜たち。土から上に実る夏の果菜類は、水分を多く含み、身体を適度に冷やす作用があります。

その他　アスパラガス、カボチャ、レタス、さやいんげん、オクラ、ゴーヤー、枝豆、桃、ぶどう、キス、ハモ、スズキ、カワハギ、イサキ、タコ、マス、イシカレイなど

秋

近海ものの魚に脂がのっておいしく栄養豊富になる時期です。畑では根菜類が実る季節。木になる果物、木の実、キノコ類も旬を迎えます。

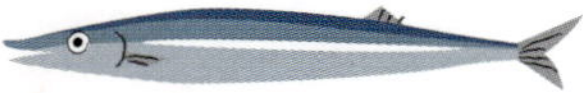

サンマ

サケ

さつまいも

まつたけ

里芋

栗

れんこん

にんじん

柿、梨、リンゴ

サバ

イワシ

その他　ごぼう、山いも、野沢菜、えのきだけ、しめじ、銀杏、マナガツオ、ヤリイカ、アマダイ、牡蠣、マガレイなど

冬

寒さに備えて身体は栄養を蓄えるようになり、代謝もにぶくなっていきます。旬を迎える葉物野菜は栄養が多く含まれ、おいしい時期です。

その他　水菜、春菊、カリフラワー、ブロッコリー、ゆず、マグロ、タラ、アンコウ、シシャモ、ハタハタ、フグ、ムツ、ワカサギ、ホッケなど

食材を見る・選ぶ①

よい食材を選ぶにはよく見ること。普段から店に行き、頻繁に目にしていると季節の変化とともに品の良し悪しもわかってきます。野菜や魚の顔を見てみることからはじめましょう。

野菜

ほうれん草

葉が厚くて茎がしっかりと太く、緑色が濃いものを。葉物野菜は葉がしおれているものは避ける。

レタス

葉に張りがあってみずみずしく、軽くふわっと巻いたものを選ぶ。株の切り口は白っぽいほうが新鮮。

きゅうり

緑が濃くてしっかりと重みのあるものを。太さは全体に均一のものがよい。トゲが尖っているものが新鮮。

小松菜

丸い葉が特徴的な青菜。葉がぴんとしてみずみずしいものを選び、黄色くなっている葉があるものは避ける。

トマト

丸々と太って持った感じが重く、ヘタが濃い緑色で、均一に赤く色づいているものがよい。黄色くなっていたり、ヘタがしおれているものは避ける。

白菜

葉の巻きがしっかりとしていて、おしり部分が丸くずっしりした重いものを選ぶ。カットされている場合は断面が盛り上がっていないものがよい。

キャベツ

株の切り口が新しく変色していないもの、巻きがしっかりと硬く重量感のあるものを。外葉は緑色が濃いものを選ぶ。

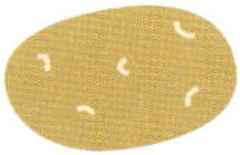

じゃがいも

丸みがあってずっしりと重く硬いものを。キズやシワの多いもの、緑色がかっていたり、芽が出ているものは避ける。

さつまいも

皮の色が濃くてツヤがあり、表面にキズや黒ずみ、深い凹みなどがないものがよい。しっかりと重くひげ根の少ないものを選ぶ。

玉ねぎ

丸くて皮にツヤがあり重量感のある硬くしまったものがよい。皮が湿ってたり、黒ずんでいるもの、先端が広がって芽や根が出ているものは避ける。

大根

ずっしりと重いものを。葉つきの場合は葉や切り口がみずみずしい緑色で、スがはいっていないものを。

長ねぎ

関東では白い根の部分が長くしっかりとしまっているものを。関西では青い部分の多いものを選ぶ。

セロリ

葉の部分に張りがありピンとしているものが新鮮。茎は太くてしっかりとした硬めのものを選ぶ。

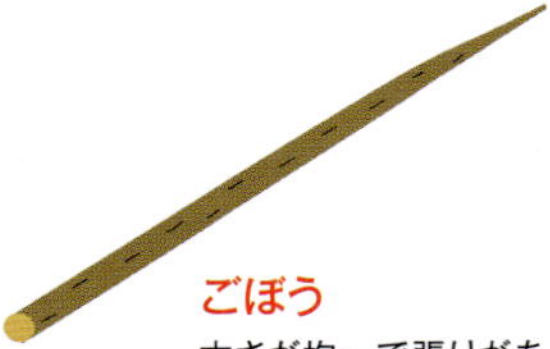

ごぼう

太さが均一で張りがあり枝分かれしていないものがよい。首部分が黒ずんでいたりヒゲ根が多いものは避ける。

なす

張りとツヤがあるもの、ヘタがピンとしてとげのあるもの、ヘタをめくって下が白っぽいものが新鮮。

にんじん

張りとツヤがありみずみずしいものを。先端が黒ずんでシワがよったもの、細かいヒゲ根が出たものは避ける。

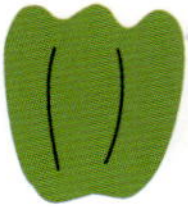

ピーマン

ヘタはしっかりみずみずしく、全体は濃い緑色で肉厚のぴんとした張りのあるものを選ぶ。

もやし

生産工程が均一化されているので豆の種類や大きさ、「ひげ」の処理などを確認。しゃきっとしているものを。

かぼちゃ

皮の色が濃く重いものを。収穫後、時間がたってヘタがひび割れたものが甘みが強い。断面の黄色は濃いものを。

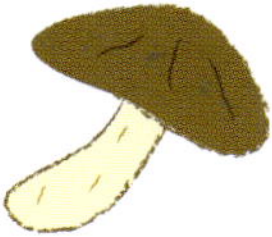

しいたけ

裏側のひだがきれいなもの、カサが切れたり黒ずんだりしていないものを選ぶ。軸はしっかりと太く短いものを。

注意:野菜や果物はデリケート。手にとって見るときは、傷まないようにていねいに扱います。

食材を見る・選ぶ②

パックされた食材を買うときは、表示や商品の状態を見るのはもちろん、店内の清潔さや他のお客さんの様子もチェック。ときどき、丸ごとの魚やかたまり肉が並ぶ専門店やデパートの食品売り場などを見て歩くと参考になります。

肉・加工食品

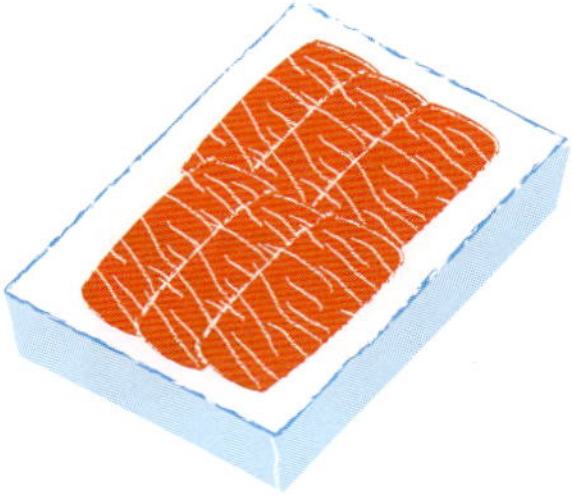

牛肉

鉄分が多いため肉の色は赤味が強い。脂部分は白か薄いクリーム色。鮮度が落ちると黒っぽくなるが、切り身で重なった部分が黒く見えるのは空気に触れず酸化が抑えられているため。

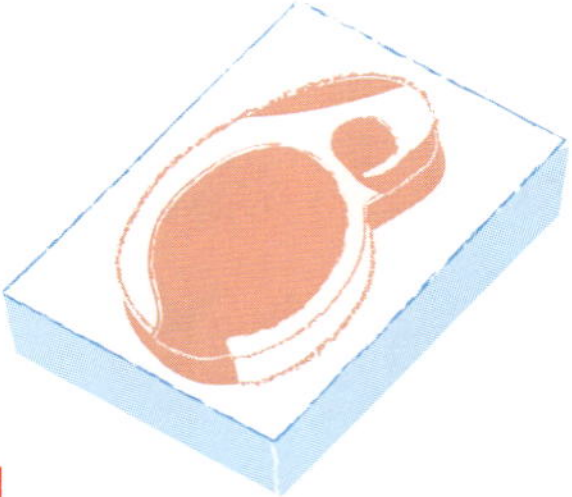

豚肉

薄いピンク色でなめらかなツヤがあるものがよい。部位によってはバラ肉など脂肪の多い部分もあるが、なるべく脂肪の入り方の少ない部位でしっかりと締まった肉を選ぶ。

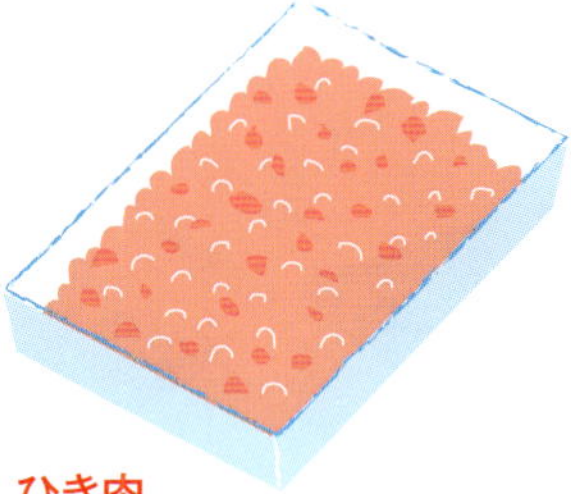

ひき肉

空気に触れる面が多いので鮮度が落ちやすい。表示を確認し肉片のひとつひとつの形がはっきりしてつぶれていないものを。パック内に肉汁が出ているものは避ける。買ったらすぐに使いきる。

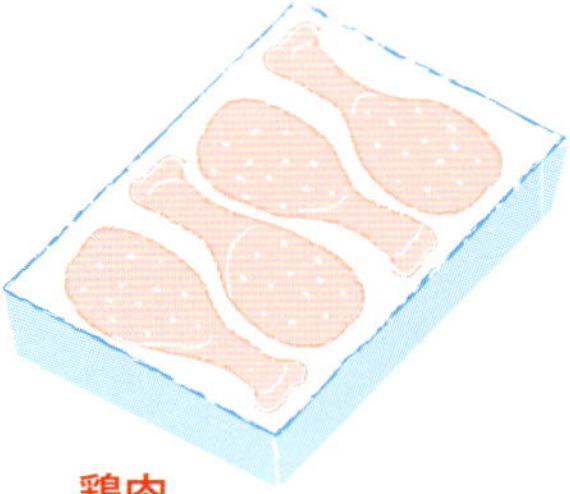

鶏肉

淡白な味で低カロリーが特徴。ササミ、モモ肉、ムネ肉などの種類がある。鶏肉は特に新鮮なものを選ぶのがポイント。皮がクリーム色でツヤがあり、毛穴が盛り上がっているものを。

ハム、ウインナー、ベーコンなど

肉加工食品は生肉に比べると保存もきき、すぐに食べられる便利な食材。消費期限と添加物の表示をチェックし、着色料などの添加物は少ないものを。また、開封したら早めに食べ切るように。

魚介・魚介加工食品

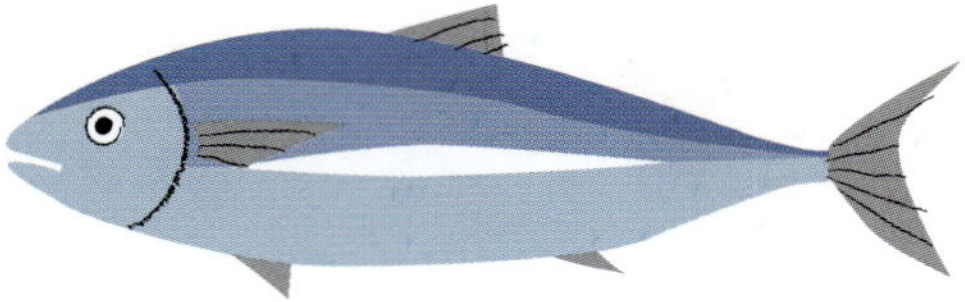

丸ごと

全体にピンとした状態で硬く張りがあり、目が透明に輝いているものが新鮮。エラが見られるならば鮮やかな赤いものを。エラが黒ずみ、腹の部分がゆるんでへこんでいるものは避ける。

切り身

切り口がつややかで張りのあるもの、白身ならば透明感のあるものを、赤身はあざやかな赤のものを。切り口や形がゆるんで、水分が出ているもの、血合(ちあ)い部分が黒ずんでいるものは避ける。

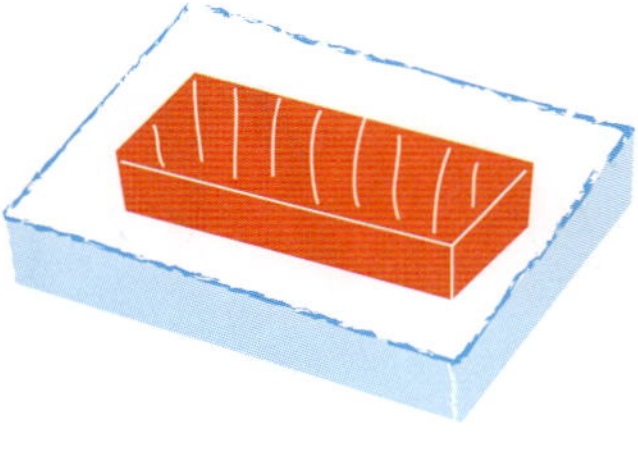

刺し身サク

できるだけサクで買う。生と冷凍とあるが、冷凍のものは半解凍程度の状態で買い求めるとよい。すっかり解凍されて水分がパック内にたまっているものはなるべく避ける。

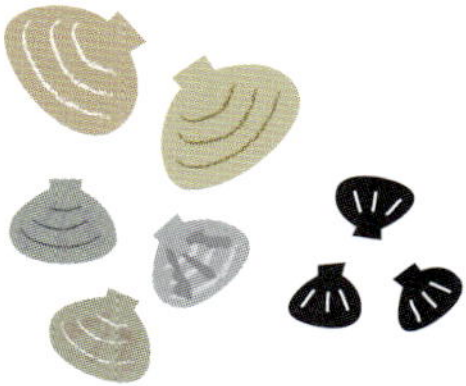

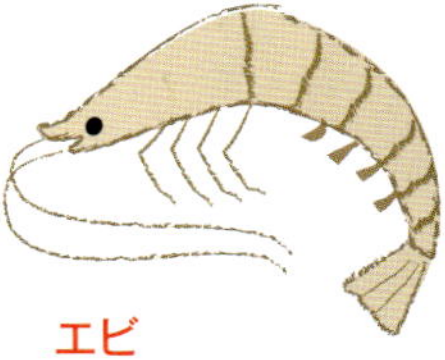

エビ

身がひきしまって透明感のあるものを選ぶ。頭、足がついたものはグラグラせずしっかりとついたもの、黒ずんだ部分がないものを。

貝類

アサリは丸みがあって大粒のもの、貝殻は模様がはっきりしているもの。シジミは粒がそろっていて大きくツヤのある貝殻のものを。ハマグリは貝殻にツヤがあるものがよい。

イカ

全体にもりあがって身が引き締まっているものを選ぶ。表面の色は透明感があるもの。目は盛り上がって透明なものを。

カマボコ、練りものなど

魚介を原材料にした練り製品は生に比べて保存がきくが、買ってきたら早めに食べ切るように。表示を確認し、なるべく自然な色で添加物の少ない新鮮なものを選ぶ。

干物

保存のきく加工品だが、回転の早い信用できる店で買うのがおすすめ。肉厚でつやのあるものを選ぶ。表示があれば添加物や天日干しなどの製造方法についての情報も確認。

食の安全

おいしい食材や料理の腕前も、衛生管理や安全性という意識の土台があってこそ。腐敗や雑菌のことだけでなく、表示の見方や添加物、アレルギーのこと。安心な食材について考え、選ぶ力を身につけましょう。

手、食材を洗う

食に関する安全の基本は「手洗い」です。「なんだ、そんな簡単なこと？」と思われがちですが、手洗いの習慣はとても効果的。手をきちんと洗ってから調理にとりかかります。それから、食材を洗うことも大切。食材によっては水洗いせずに汚れを落とすものもありますが、ほとんどの場合、水道水で洗い流すことで表面の汚れや残留農薬、雑菌などを落とすことができます。

注意しよう

じゃがいも

日光に当たって新芽が出たり緑色になった部分にはソラニンという毒が含まれ、食中毒の原因になる。冷暗所に保存し、芽が出ている部分はとり除いて使う。

加熱調理

生食がおいしい野菜や魚もありますが、安全面から考えると加熱調理が安心です。ほとんどの雑菌は過熱によって死滅し、安全に食べることができます。また、食物の多くは加熱によって成分が変化し、食べやすく消化しやすくなります。

注意したい食材

食物の中には有毒な部分を含むものや、保存状態によって有毒になるものがあります。一般的に売られている商品の多くは安心ですが、自然の中で収穫してきた食材、また、家で長期間保存している食材などは注意しましょう。

キノコ・山菜

野生では毒を持つキノコや植物があり、誤って食べて中毒を起こす事故は多い。キノコ・山菜採りは経験や知識のある人と同行し慎重に。

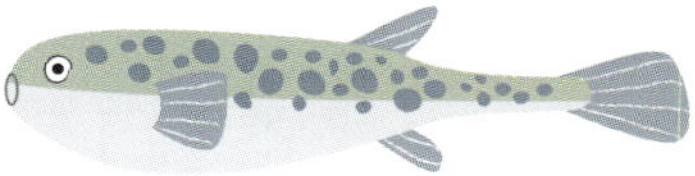

魚介類

フグは卵巣や肝臓に毒があり調理には免許が必要。また、一部の貝にも赤潮の影響などで藻の毒が蓄積されることがある。サケやサバなどアニサキスなどの寄生虫がいる魚も。ほとんどの場合は出荷段階で検査される。

食品表示の見方

市販の食材には、期限や生産地、原材料名、添加物、栄養成分などの表示がついています。国の基準で決められた表示やマークがついた食品はその情報を確認。商品選びの目安にします。

消費期限

傷みやすい生鮮食品や加工品につけられる期限表示。定められた方法により保存した場合で、およそ製造から5日以内。食肉、生めん類、弁当、調理パン、惣菜、生菓子類など。

賞味期限

「おいしく食べられる期限」を表示したもの。期限を過ぎると食べられないわけではありません。期限が少し過ぎていても未開封で傷んでいなければ食べられます。清涼飲料水、食肉製品、冷凍食品、牛乳、乳製品など。

期限内に使い切れるなら古いものから買いましょう。廃棄される食品を減らすことができます。

添加物の話

食品の腐敗防止、食感を出す、色や甘味をつけるなど、さまざまな用途に使われる添加物。中華めんの「かんすい」や豆腐の「にがり」など、製造工程で必要なものもあります。使用の基準値が決められ厳密に管理されていますが、多くとり続けるような食生活は避けたいものです。「品質が均一で、いつでも安価に手に入る食品」は添加物を抜きに大量生産することは考えられません。食品にこうした要望を持つ限り、すべての添加物を排除した食生活はむずかしいと言えます。

腐るということ

食品は雑菌にとっても栄養源。雑菌が増殖し有害な毒素を発するようになると「腐った」状態です。食べるとお腹をこわしたり、食中毒を引き起こします。腐敗防止には、まず、菌が食品や調理具、食器や手につかないようにする衛生管理が一番。そして、一度加熱したものは生の状態よりも殺菌されて、腐敗しにくくなります。それから、口に入るまでに菌が増殖する条件をとり除くこと。

菌が増殖するための条件&対策

●時間……ほとんどの場合、時間経過と菌の増殖は比例するので期限表示を確認。
●温度……冷蔵庫の低温保存は菌の増殖を遅くするが過信は禁物。
●酸素や水分・湿度……それらをシャットアウト。乾燥保存、真空パックなど。
※注意：これらの条件に関係なく増殖する菌もいます。

食中毒に注意

食中毒は細菌性と化学性（有害重金属や農薬など）と自然毒（毒キノコなど）に分類され、多くは細菌性によって起こります。細菌の増殖が活発になる春や秋に多くみられますが、食品の保存方法がまちがっていたり、傷んだ残りものを食べたりと通年で起こる可能性はあります。多くの場合は手洗い、食材の水洗い、加熱調理といった基本的な対応で避けることができます。また、新鮮な食材を使い、調理済みの料理を室温で放置しないことも大切です。

献立を考える

今日はどんな料理を作ろうか？　毎日となると大変ですが、献立を考えるのも本来は料理のたのしい手順のひとつ。最初は栄養バランスや品数を気にせず、基本的には自分で作れそうなメニュー、食べたいものを作ってみましょう。

家庭料理の基本はごはんと汁物。それにメインおかずと野菜一品を組み合わせればＯＫ。冷蔵庫に肉や魚があればそれを「焼く」か「煮る」。買い物で「おいしそう！」な旬の食材に出会ったらそれを使った料理にチャレンジ。料理法がわからないときはお店の人に聞いてみましょう。

食欲や体調によって食べたいもの

栄養補給が必要なときはエネルギー量の多い肉料理。暑い季節にはさっぱりしたものや香辛料のきいた味が食べたくなったり…。そのとき食べたいものが、身体が必要としているもの！　そう考えれば簡単。

調理時間や材料から考える

毎日の家庭料理では「食材を無駄なく使い切る」「短時間で作れる」のが重要な要素。

季節や行事、目的に合わせたメニュー

正月にはお節料理やお雑煮。寒い季節にはみんなでたのしく囲める鍋料理。レジャーにはお弁当など。季節行事やたのしむ目的にあわせた料理を。

基本の組み合わせ

栄養バランスから料理を考えるとき、ごはんと汁物が定番コンビになっている和食はとても便利。献立は通常、主食＋主菜＋副菜＋汁物でバランスがととのうとされています。ごはんとおみそ汁を決めておけば、後は主菜となるメインのおかずと野菜を使った副菜を考えるだけ。

ごはんなどの主食

ごはんやパンなどの炭水化物（糖質）が主成分の主食。エネルギーの元となる。

野菜たっぷりの副菜

ビタミンや無機質（ミネラル）は野菜や海藻などから。サラダやあえ物、煮物など。漬け物や箸やすめなどの小さいおかずは副々菜。

メインのおかず、主菜

身体を作る役目の栄養素、たんぱく質を補給する肉や魚介、卵、大豆製品などのおかず。

手早く組み合わせられる食品を活用

食べないよりはバナナ一本でも牛乳一杯でもお腹に入れたほうがいい朝食。すぐに食べられる食品の組み合わせを考え、用意しておきましょう。シリアルやパン、おにぎりを主食に、ハムやゆで卵、牛乳・チーズやヨーグルトなどでたんぱく質を補給。朝のフルーツも食欲のない方におすすめです。

食卓の基本

食事の配膳は位置や盛りつけ方にきまりがあります。家庭の食卓では細かな規則にすべて従う必要はありませんが、きまりを知っていることはいろいろなシーンで食事をたのしむことに役立ちます。

和食の配膳のきまり

和食の配膳ではごはんが左手前、汁物が右手前。箸は一番手前で横向きに箸先が左に向くようにおきます。主菜となるおかずは右奥。煮物などは左奥。中央には漬け物や箸やすめなどの副々菜を。

煮物など。左奥に焼き物などの主菜を配膳する方法もある。
主菜。右手で食べやすい位置にという理由で右奥。
漬け物、あえ物、酢の物など。品数が多いときは小鉢の煮物なども中央に。
ごはん茶わんは必ず手に持つので持ちやすい左手前。
季節にあわせた箸置きを使えばたのしい食卓に。
蓋つきのお椀の場合、とった蓋は内側を上に向けて右側に。

洋食の配膳のきまり

フォーマルな食事ではテーブルにフォークやナイフがセッティングされ、料理が次々に運ばれてくるので一度にお皿は並びません。家庭の食卓で同様にする場合はメインディッシュを中央。左にフォークで右にナイフとスプーン。あるいは右側にフォークやナイフなどをまとめてタテに並べ、

メインのおかずやサラダは大皿に盛りつけ、各自のとり皿にとり分けて食べる方法も便利。

テーブルクロスやランチョンマット、ナプキンを使うとテーブルの雰囲気がぐっとたのしい洋食スタイルに。

カトラリー類はたたんだナプキンの上にセットしておくことも。

和食と同様に左手前にごはんやパン、右手前にスープをおき、奥にメインディッシュをおく方法もあります。和食と違って、食器は基本的に持たないので食べやすい位置を考えておくのがよいでしょう。

たのしい食卓のポイント

食卓をととのえるポイントは食事をたのしくおいしくいただけるようにすること。

配膳のルールやテーブルコーディネートは、そのポイントをおさえておけばむずかしいものではありません。

家庭での食事はあわただしさや便利さに流されがちですが、できるだけたのしい時間にしたいもの。まずは、勉強机、ソファ用テーブルなど臨時の場での食事をやめ、食事用テーブルで食べることからはじめましょう。

- 関係ないものを出しっぱなしにせず、食事のときは片づけて台ぶきんできれいにふく。
- テレビは消して。人と一緒なら会話をたのしみ、一人の場合は音楽を流すなど。
- あたかい料理はあたかいうちに、冷たさがおいしい料理は冷たいうちに。
- 夏は涼しげな演出、冬はあたたみのある暖色系でまとめるなど、季節感のある食卓を。

盛りつけのきまり

盛りつけは料理の大事なしめくくり。料理に合う器を選び、季節感や食卓の雰囲気を考えた盛りつけ方を工夫してみましょう。

盛りつけのきまり

基本的には平たい皿には平らに盛りつけ、深さのある器では高さを出して盛りつけます。和食洋食で盛りつけ方が違うものもあります。

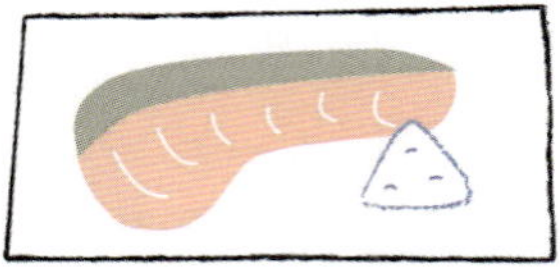

魚の盛りつけ

和食では「向山前盛（むこうやまさきもり）」と言い、メインの魚などを向こう側（奥）に高めに盛りつけ、大根おろしなどは手前に低く盛る。揚げ物なども同様。丸ごとの魚は頭が左。カレイの場合は頭を右に盛りつけるか裏返しで左頭に。切り身は皮のついた部分が奥に。

煮物やあえ物

深さのある食器は真ん中が高く三角形になるよう盛りつける。あえ物や酢の物などを小鉢に盛るときは、菜箸の箸先を揃えて立てて使い、こんもりと盛りつける。

洋食

洋食のステーキなどでは、つけ合わせの野菜などを肉の向こう側（奥）に盛りつける。ソースをかけるときは手前側に。

NGな盛りつけ

器からはみ出したり、山盛りは避ける。食器の縁にソースやあえ衣などがついて汚れた場合はぬれぶきんなどでぬぐう。

盛りつけでたのしく

お弁当

昼食以外でも少しずつのおかずを寄せ集めてお弁当に。ときにはたのしいアイデア。

ワンプレート

一枚のお皿に主食、メインのおかず、サラダなどを盛りつける。忙しい朝やカジュアルな食事に便利。

大皿盛り

ホームパーティーなど豪華でたのしい食卓を演出。とり箸やとり皿を用意し、とり分けにくい料理などはあらかじめ切っておく。ふだんの食卓にも便利だが一人分の食事量が把握しにくいので注意。

お箸のマナー

ぜひ身につけておきたいのがお箸のマナーです。お箸の使い方が美しい人は男女を問わず魅力的に見えるもの。お箸はあまり汚さず、最小限の動きで食べものを運び、丁寧に使うのがポイントです。

❶ 右手で箸を持ち上げる

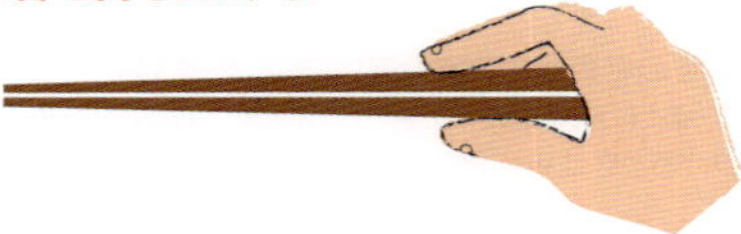

❷ 左手を箸の下に添え

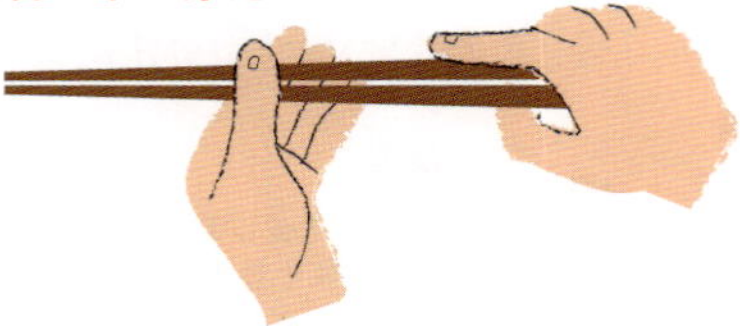

❸ 左手で支え、右手を下から

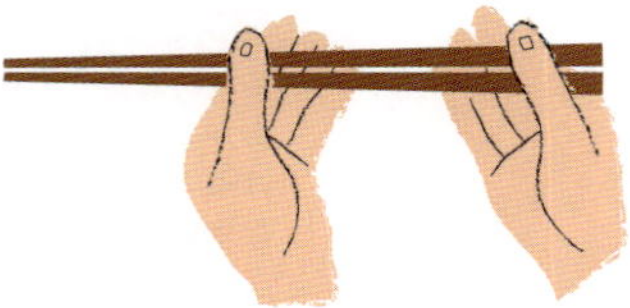

❹ 正しく持つ

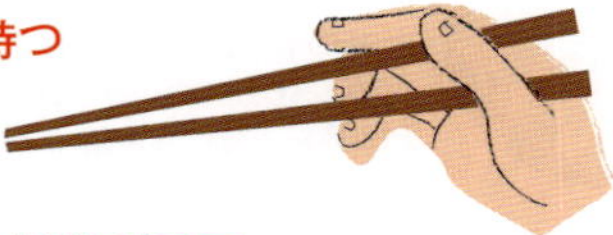

＊お箸を置くときは逆の順番で

やってはいけない! お箸のタブー

寄せ箸

器を箸で動かす。

迷い箸

何を食べようか
迷ってウロウロ。

ねぶり箸

箸をなめる。

刺し箸

食べものを
突き刺す。

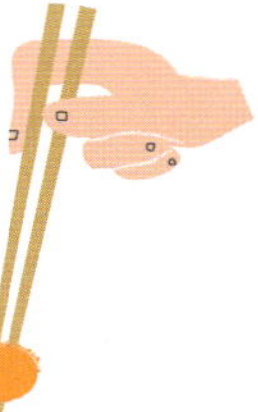

合わせ箸(箸渡し)

箸を使って食べものを受け渡す。

持ち箸

箸を持ったままの
手で器を持つ。

Cooking Column

おいしいお茶のいれ方

お茶の時間は頭と心をリセットできる大切なひととき。
食事の後。おやつの時間。親しい人といっしょに。そして、ひとりで。
ぜひ、ていねいにお茶をいれてみましょう。

Ⓐ日本茶をいれる

茶葉にあった適温のお湯でいれます。「玉露（ぎょくろ）など**高級なお茶ほど低めの温度**」とおぼえておきましょう。渋みや苦みをおさえておいしいお茶になります。茶葉の量は大さじ2杯で2人分。湯のみ茶碗に注いでしばらくおいた湯（80℃）を急須に注ぎ、1分間待ちます。湯のみには交互についで濃さを均一に。2煎目もおいしく飲むために、急須から最後の一滴まで注ぎましょう。ほうじ茶や番茶は、熱いお湯でいれてさっぱりといただきます。

Ⓑ紅茶をいれる

紅茶は、お湯を注いだとき、茶葉がポットの中をじゅうぶんに泳ぎまわること（ジャンピング）が大切なので、丸いティーポットを使いましょう。ポットとカップはあらかじめ温め、お湯は沸きたてを。茶葉はティースプーン山盛り1杯が1人分。細かい葉はやや少なめに。蒸らす時間は葉の大きさなどで違い、**大きめの葉なら4～5分、細かい葉は2分半～3分**待ちます。茶こしでこしながらカップに交互に注ぎ、濃さが均一になるようにいれます。

Ⓒ中国茶をいれる

茶器で香りをたのしみながら、7～8煎までおいしくいただける中国茶。茶器はお湯で温めておき、急須に多めの茶葉を入れて短時間で蒸らします。沸騰したてのお湯を、少し高いところから勢いよく注ぐと葉が開きやすくなります。**一煎目は汚れやアクなどをとるためにすぐに捨てます（洗茶）**。再びお湯を急須に注ぎ、1分蒸らして茶碗に注ぎます。数人分を注ぐ場合は味が均一になるように別の茶器（急須やピッチャーなど）に最後の一滴まで移してから注ぎ分けます。

第2章
Chapter 2
基本の道具と使い方

デパートのキッチン用品コーナーを歩いてみると、
色どりもたのしい、
ユニークな道具がならんでいます。
でも、いつも使う基本の道具は、
そう多くはありません。
最小限の調理器具があれば十分です。
まずは使いこなせるようになることが大切です。

まずは調理道具をそろえよう

調理道具は種類もたくさんあり、最初からいろいろと揃えると大変です。ここでは、料理をするのに必要な最低限の道具を紹介します。

菜箸《さいばし》

先にすべり止め加工されていると、めんをゆでるときなどに便利。先が細いものは細かい作業ができ、盛りつけ向き。

鍋（小・中）

何にでも使える雪平鍋がおすすめ。小サイズ（直径15cm）は汁ものなどに、中サイズ（直径21cm）は煮ものなどに。

まな板

木製は切りやすいが手入れがめんどうなので、初心者は扱いやすい合成樹脂製を。（▶P52）

包丁

さびつかないステンレス製で、刃渡り20cmぐらいの万能包丁がおすすめ。（▶P49）

はかり

電子ばかりが見やすくておすすめ。食材の分量をはかると失敗が少ない。

しゃもじ

炒めものの木べらの代わりにも使うなら木製のものを選んで。ご飯をよそうためなら、プラスチック製が米粒がつきにくい。

計量カップ

200ml容量で目盛りが見やすいものを。耐熱ガラス製で持ち手つきなら、電子レンジにもかけられるので便利。

計量スプーン

大さじと小さじを用意。分量がはかりやすいステンレス製がおすすめ。

フライパン

直径22～26cmぐらいのフッ素樹脂加工のものを。蓋は、フライパンの直径にぴったり合うものを購入すること。

ボウル・ざる

大（直径24cm）、中（直径21cm）、小（直径18cm）の3種類を用意すると便利。耐熱ガラス製は電子レンジにもかけられるが重く、ステンレス製は電子レンジにはかけられないが軽くて扱いやすい。

フライ返し

へら部分が短くて幅が
広いものを選ぶと返し
やすくておすすめ。

お玉（玉じゃくし）

大きすぎると注ぎにく
いので、初心者は直径
8cmぐらいのものを。

他にも必要なキッチングッズ

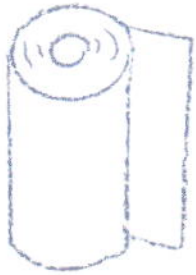

キッチンペーパー

ぬれてもやぶれにくく、吸水
性が高い紙。余分な水気を
ふきとったり、揚げものの油
を吸いとるときにも使う。

アルミホイル

オーブンやオーブン
トースターで、包み焼
きなどに使える。落と
し蓋の代わりにも。

ラップフィルム

残った食材や料理
を保存するのに必
要。電子レンジにか
ける際にも活躍。

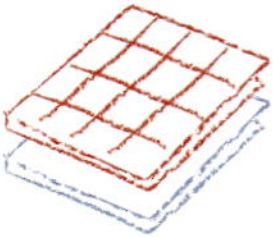

ふきん

水をよく吸って、乾きやすい
ガーゼ地のものをキッチン専
用に用意。洗った食器をふく
用、調理に使う用、食卓をふ
く用と分けると衛生的。

スポンジ・洗剤

食器や調理器具を
洗うのに必要。洗
剤は、キッチン用の
中性洗剤を。

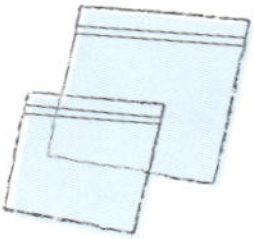

保存用密閉袋

食材を保存すると
きや、冷凍すると
きに、あると便利。

包丁の選び方と持ち方

包丁は料理に欠かせない道具。できれば少し奮発して切れ味の良いものを購入しましょう。正しい持ち方をマスターすることが料理上手への第一歩です。

包丁は、切る材料ごとに多くの種類があります。初心者はいろいろな種類を用意するより、まずは五千～八千円ぐらいの価格を目安に**万能包丁を1本購入**するといいでしょう。買うときは実際に握ってみて、手になじむものを選びます。切れ味の悪い包丁は切るときに力が必要になり、かえって危険です。さくっと切れる包丁で料理をたのしんでください。

選び方

最初に買うなら

万能包丁

三徳包丁、鎌型包丁などともいわれ、牛刀と菜切包丁を合わせたもので野菜、肉、魚など幅広く使える。刃渡り20cmぐらいのステンレス製がおすすめ。

2本目におすすめ

ペティナイフ

刃渡り12～15cmの牛刀を小型にした包丁。野菜や果物の皮むきなどの細かい作業に役立つ。

他にもあると便利

出刃包丁《でばぼうちょう》

刃がしっかりとした、魚をさばくための包丁。骨や殻などのかたいものもラクに切れる。

キッチンバサミ

包丁で切りにくい、海苔や昆布などの乾物、カニなどの魚介の下ごしらえにも使える。

パン切り包丁

刃が波型になっていて、やわらかくふわふわしたパンをつぶさずに切れる。

持ち方

包丁の柄を手のひらで包むように握る。柄の下のほうを持つと力が入りにくいので、柄のつけ根部分を親指、人差し指、中指でしっかりと握ること。

やわらかいものを切るときや細かい作業をするときはイラストのように、人差し指を包丁のみねに添えると切りやすい。

切るときも正しい姿勢

調理台からこぶし1個分ほど離れ、肩幅ぐらいに足を開く。包丁を持つ側の足を少し後ろに引いて斜めに立つ。

材料の押さえ方

包丁を持つのと反対の手は、指を軽く曲げて素材をしっかりと押さえる。包丁のはらの部分に押さえている手の関節を当て、少しずつ押さえている手をずらして切っていく。

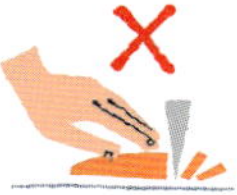

指を伸ばすと、切ってしまうことがあるので注意。

指を軽く曲げて「グー」のようにする。

包丁の各部の名称を覚えておこう！

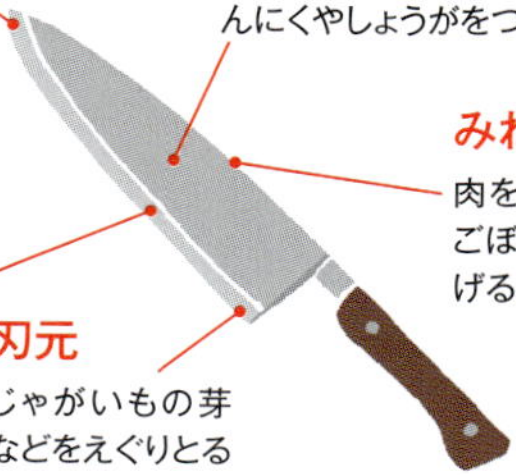

刃先

刃先を下に向け、やや立てて使う。肉のスジをとる、魚の内臓をかき出す、トマトのへたをとるなど。

はら

包丁の広くて平らな部分。包丁を寝かせて、この面でにんにくやしょうがをつぶす。

みね（背）

肉をたたいたり、ごぼうの皮をこそげるときに使う。

刃

材料を切るのにいちばんよく使う部分。

刃元

じゃがいもの芽などをえぐりとるのに便利。

包丁とまな板のお手入れ

包丁やまな板は、さまざまな食材に直接ふれるものです。汚れていてはおいしい料理ができません。いつでも清潔にしておきましょう。

包　丁

包丁はとても頑丈に思えますが、使いっぱなしにしたり粗雑に扱うと、すぐに刃を傷めて寿命が短くなってしまいます。使用後の包丁には材料のカス、塩分や糖分などがたくさんついていますので、**必ずきれいに洗いましょう。**また、**包丁は熱や水分に弱い**ので気をつけましょう。

使用後のお手入れ

①使い終わったらすぐに洗う

スポンジに中性洗剤をつけてよく洗い、洗剤を流す。肉や魚を切ったあとは雑菌の繁殖を防ぐために、洗った後、熱湯をかけるとよい。汚れがたまりやすい刃と柄の間は特にていねいに洗う。

②しっかり水気をふきとる

錆（さび）を防ぐために、乾いたふきんで水気をしっかりとふきとる。ふきんが汚れていると雑菌がついてしまうので、清潔な乾いたふきんを使うこと。

包丁の材質でお手入れ法も違う!

	鋼（はがね）	ステンレス
特徴	主に和包丁に使われている。鋭くて切れ味がよいが、手入れをきちんとしないと錆びやすい。	主に洋包丁に使われている。摩擦に強く、錆びにくいので切れ味が長持ちする。
お手入れ法	使い終わったらすぐに洗い、水気をしっかりとふきとること。月に1回は砥石で研いで手入れをしておくとよい。専門の店に研ぎに出すと切れ味もよみがえる。	鋼と同様、すぐに洗って水気をふきとる。週に1回くらいは簡易研ぎ器などで研ぐ。

×切れ味が悪くなったり、刃が欠けやすくなるので、やめましょう。

冷凍食品を切る

硬い上に低温では刃がもろくなり、欠けることがある。冷凍食品は半解凍の状態か解凍してから切る。

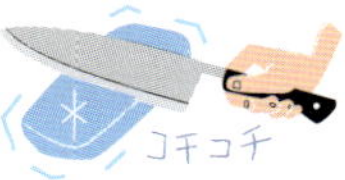

直火であぶる

刃の硬さがなくなり、切れ味が悪くなる。

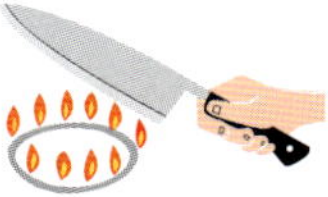

電子レンジや食器洗い機に入れない

電子レンジ、オーブン、食器洗い機、乾燥機に入れると傷んで、切れ味が悪くなる。

まな板

まな板は食材のにおいや色、雑菌が残りやすい調理器具です。特に木製はにおいが残りやすく、また、合成樹脂製は色がつきやすいため、**常に清潔に保つ必要があります。**包丁の切れ味はまな板次第で違ってきますので正しく扱いましょう。

使う前に

①水で全体をぬらす

乾いたまま使うと食材の成分やにおいがしみ込み、とれにくくなるので使う前に必ずぬらすこと。

②下にぬれぶきんを敷く

まな板を調理台に直接置くとすべりやすい場合は、ぬれぶきんを敷いてから水気をふいたまな板を置く。

使用後のお手入れ

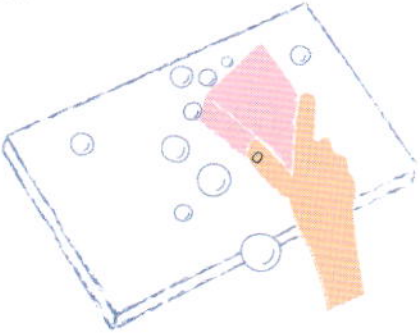

①水で流してから中性洗剤で洗う

肉や魚のたんぱく質が湯で固まってしまうので、最初はお湯ではなく水で洗い流す。その後、スポンジに中性洗剤をつけてよく洗う。

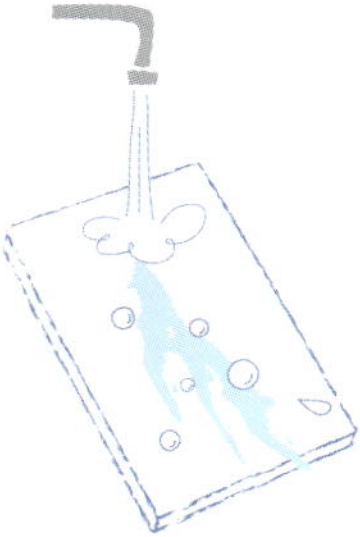

②洗い流す

流水かぬるま湯でしっかりと中性洗剤を洗い流す。

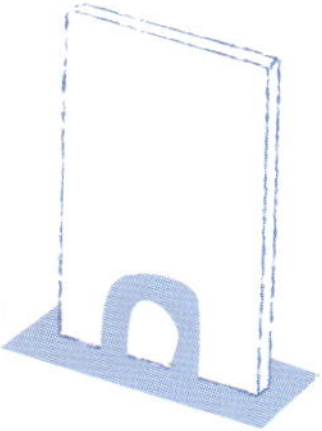

③水気をふいて乾かす

乾いたふきんで水気をよくふきとり、風通しのよいところに立てかけて乾かす。

月に１回は漂白剤につける

雑菌の増殖を防ぐために、月に1回は漂白剤などで除菌を行いましょう。熱湯をかけたり、日光に当てたりするのもおすすめです。

まな板を斜めに置いて、ぬれぶきんを全体にかけ、漂白液をかけまわして5～10分置く。ふきんをとり除いて、中性洗剤で洗ってから水洗いする。

分量のはかり方

料理のレシピには、材料や調味料の分量が出ています。味つけで失敗しないためには、めんどうくさがらずにはかりましょう。

計量スプーン

大さじ1=15ml
小さじ1=5ml

液体（水、しょうゆ、酢など）をはかる場合

大さじ1・小さじ1

計量スプーンの表面に少し盛り上がって、こぼれるぎりぎりまで注ぐ。

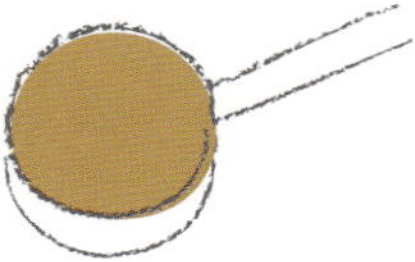

大さじ½・小さじ½

目盛りのついていない計量スプーンでは深さ2/3ぐらいまで入れる。半分ではないので注意して。

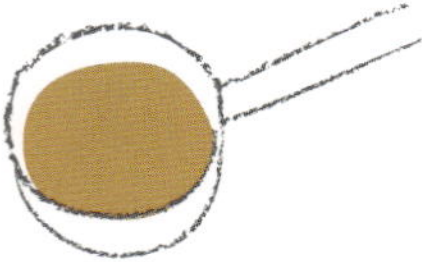

計量カップ

1カップ=200ml

水平な場所に計量カップをおいて材料を目盛りまで注ぎ、目盛りと同じ高さに目線を合わせて確認する。液体は中央の平らな面を基準に、粉はきちんと平らにしてからはかること。

粉や粒状、固形のもの（塩、小麦粉、味噌など）をはかる場合

大さじ1・小さじ1

山盛りにすくい、すりきりへらやナイフの背などを計量スプーンに直角に当てて平らにする。

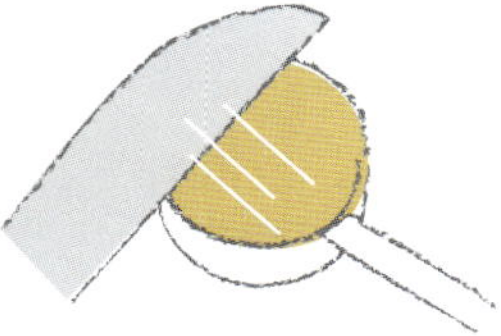

大さじ½・小さじ½

大さじ（小さじ）1をはかり、すりきりへらやナイフなどで半分を落とす。

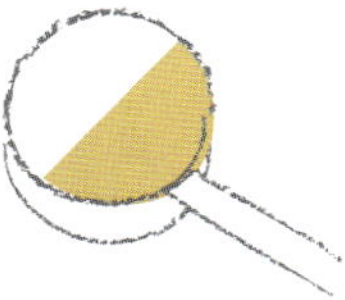

大さじ¼・小さじ¼

大さじ（小さじ）1/2をはかり、すりきりへらやナイフなどで半分を落とす。

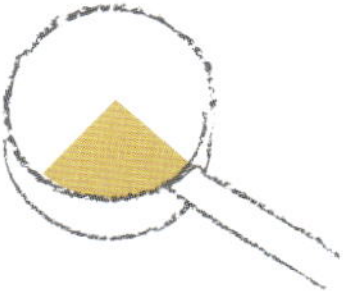

*2/3は3等分のうちの1つを落とし、1/3は3等分した2つを落とす。

米用カップと計量カップは違う

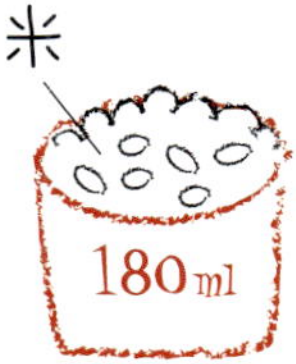

炊飯器などについてくる米用のカップは180ml（1合）。料理に使う計量カップは200mlです。同じ1カップでも容量が違うので注意。

主な食材の目安量を知っておくと便利!

＊あくまでも目安の分量です。容器や食材によって違うので、
正確さを求める場合は計量してください。

卵
1個=60g

ごはん
茶わん1杯=150g

豆腐
1丁=250～300g

魚の切り身
1切れ=80～100g

食パン
6枚切り1枚=60g

玉ねぎ
1個=200g

キャベツ
1/2個=500g

じゃがいも
1個=150g

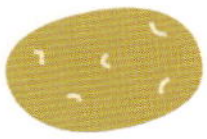

大根
10cm=200g

白菜
1/2個=800g

長ねぎ
1本=150g

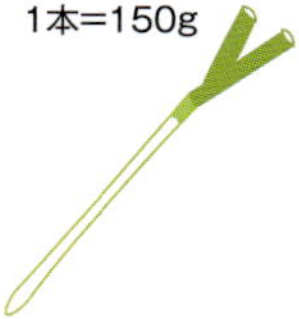

ほうれん草
1束=200g

調味料の目安

調味料は、油や砂糖などの軽いものや、味噌などの重いものもあるため、同じ大さじ1でも重量が違います。主な調味料の重さをおぼえておくと、レシピに重さで出てきたときに困りません。

	小さじ1	大さじ1	1カップ
パン粉（乾燥）	1g	3g	40g
小麦粉	3g	9g	110g
上白糖（砂糖）	3g	9g	130g
片栗粉	3g	9g	130g
油・バター	4g	12g	180g
酢・酒	5g	15g	200g
塩（精製塩）	6g	18g	240g
しょうゆ・味噌	6g	18g	230g

Cooking Column

手ばかり

はかりや計量スプーンがないときは、
手ばかりを使ってみましょう。
目でだいたいの量がわかるようになると、手早く料理したいときに便利。
手ばかりの大まかな量をおぼえておきましょう。

Ⓓひとつかみ

片手でひとつかみ。4人分の汁物のだしに使うかつおぶし、15～20g。

Ⓐ塩少々

親指と人差し指の2本でつまみます。小さじ1/4の量。

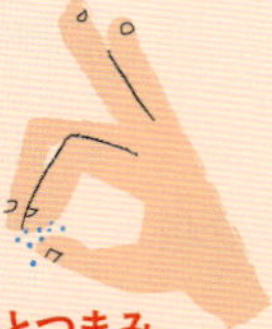

Ⓑ塩ひとつまみ

親指、人差し指、中指の3本でひとつまみ。小さじ1/2の量。

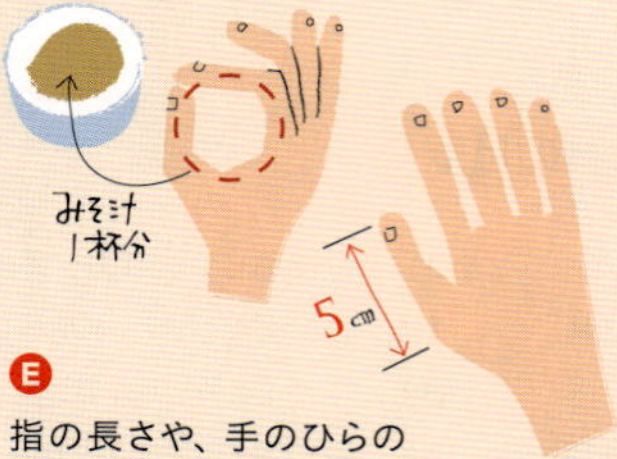

Ⓔ

指の長さや、手のひらのだいたいの大きさをはかっておくといろいろ使えて便利。親指の長さは約5cm。親指と人差し指で円を作ると、「梅干し大」の大きさに。みそ汁1杯分のみその量になります。

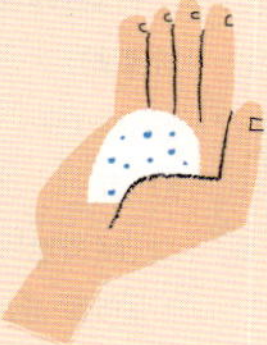

Ⓒひとにぎり

片手で軽くひとにぎり。塩ひとにぎりは大さじ2くらい。

第3章
Chapter 3
素材を生かす調理の基本

料理はまず材料の準備から。
買って来てすぐに食べられるものに慣れている人は
ここがちょっとめんどうに感じられるかもしれません。
食材の様子を見て、洗ったり、皮をむいたり。
そこから、おいしい料理作りははじまっています。
おいしさを引き出すための作業なので、
ぜひていねいにやってみてください。

野菜を洗う

野菜は土の上や中にできるものなので、料理する前に洗う必要があります。素材ごとの洗い方のポイントを覚えておきましょう。

ブロッコリー、カリフラワーなど

小さな房に切り分けてから、水を入れたボウルにつけてふり洗いし、内部の汚れを落とす。仕上げに流水で1つずつ洗う。

ほうれん草、小松菜、春菊など

水の入ったボウルの中で左右にふって洗い（ふり洗い）、葉の表面の汚れを落とす。根元には土がついているので、水につけながら茎を広げてよく洗う。

トマトなど

流水で、手のひらでこすって洗い、表面の汚れを落とす。

レタス、キャベツ、白菜など

１枚ずつはがしてから、流水でていねいに洗う。丸ごと使う場合は芯を包丁でくり抜いて、その穴に水を流し入れる。

いちご

少ししょっぱいと感じるぐらいの塩水の中で、へたをつけたまま入れ、１粒ずつ軽くふって洗う。

大根、かぶ、にんじんなど

土がついていなければ、手でこすって洗う。かぶを茎つきで使う場合は、竹串で茎の間の土を落とす。

オレンジ、レモンなど

皮ごと使う場合はワックスを落とすために、手のひらに塩をつけて皮をこする。その後、流水で塩を洗い流す。

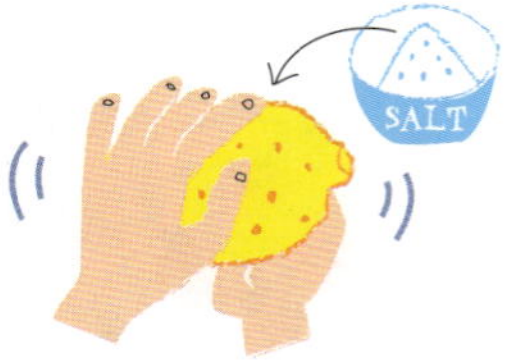

泥つきの野菜（里芋、ごぼうなど）

タワシでこすって泥を洗い流す。里芋は、水気を乾燥させてから切ると、ぬめらないで切りやすい。

スプラウト（貝割れ菜など）

包丁で根を切り落とす。葉のほうを手で持って、水を入れたボウルの中で、左右にふって洗い（ふり洗い）、茶色の殻を落とす。次に、茎を持ってふり洗いする。

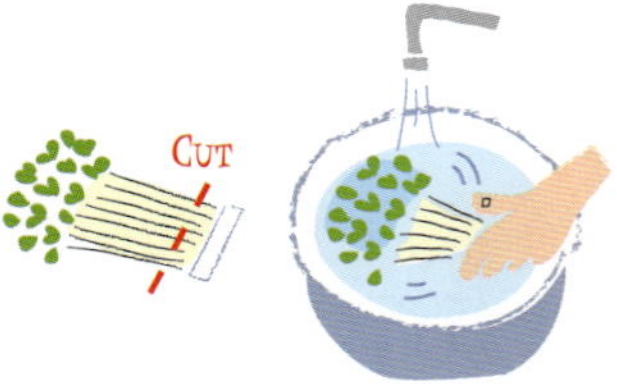

きのこ類は洗わない

しいたけやしめじなどのきのこは、水洗いすると風味が流れ落ちてしまうので洗わない。乾いた布で、表面の汚れをさっとふきとるだけでOK。

生しいたけは、手でとんとんとかさをたたいてゴミを落とす。その後、乾いた布でかさの表面の汚れをふきとる。

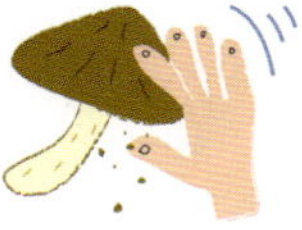

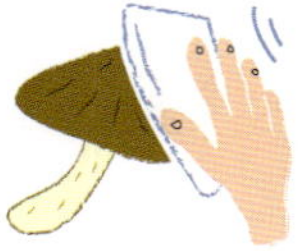

野菜の皮をむく・種をとる

洗っただけで食べられる野菜もありますが、皮をむいたり、へたをとったりしなくてはならないものもあります。

里芋

包丁で両端を切り落とす。切り口から、丸みにそって皮をむく。同じ幅で六面にむくと、きれいに仕上がる。

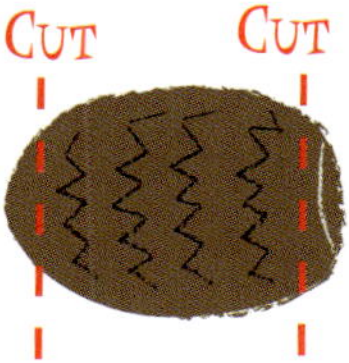

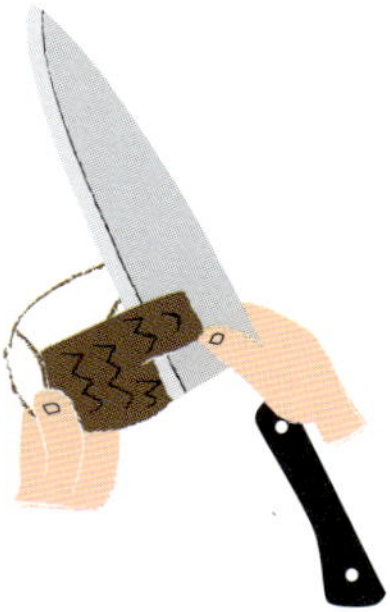

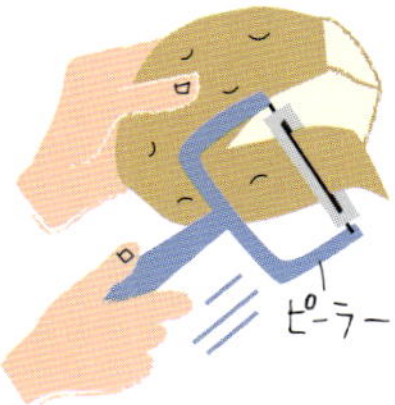

じゃがいも

表面の皮をむく。包丁でもいいが、ピーラー（皮むき器）を使うとむきやすい。

じゃがいもの芽には中毒を起こす成分があるので、包丁の刃元をぐっと差し込んで、ぐるりとえぐりとる。または、ピーラーについている芽とりを使っても。

大根

適当な長さに切り、包丁を皮の下に入れて、丸みにそってぐるりと大根をまわしながらむく。皮はむかなくても食べられるが、かたさが気になるときはむいて、皮は炒めたり漬物など無駄なく活用する。

ごぼう

皮に風味があるので、たわしでこすって泥を落とすだけで使える。皮をとりたいときは、包丁のみねでこすって皮を軽くけずる（こそげる）ぐらいに。

玉ねぎ

包丁で根元を切り落とし、そこから茶色い皮を引っ張ってむく。先の茶色くなっているところを切り落とす。

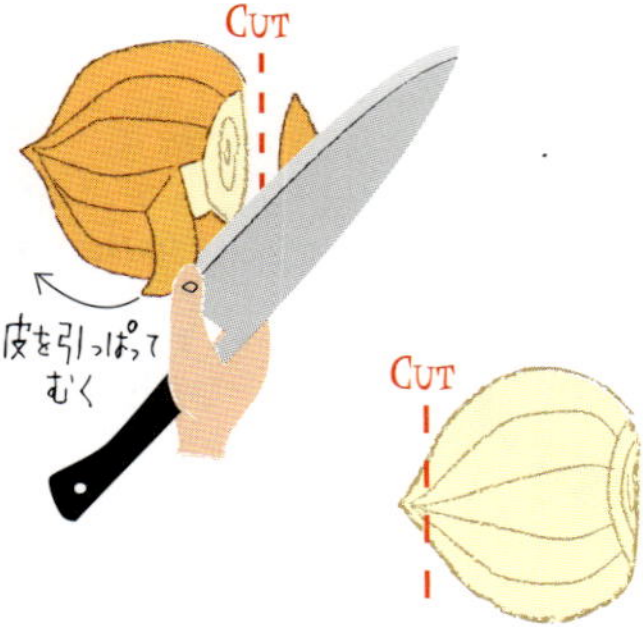

トマト

舌触りをよくしたいソースなどでは皮をむく。包丁では難しいので、「湯むき」が便利。

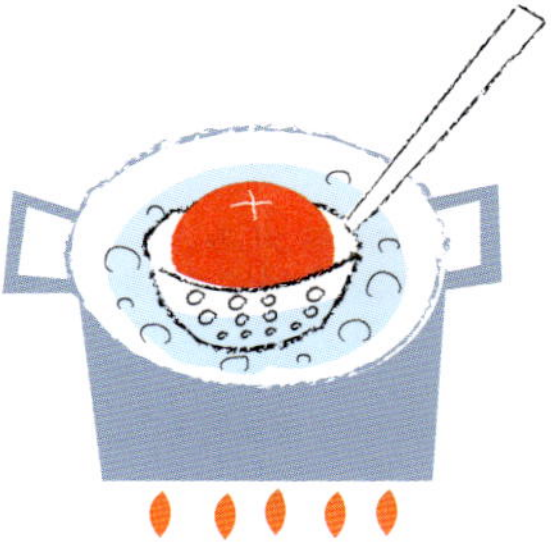

湯むき

①トマトのおしりに、浅く十字の切り込みを入れる。玉じゃくしにトマトをのせて、沸騰した湯に入れ、3～5秒ですぐにとり出す。

②ボウルに氷水を用意しておき、湯からとり出したトマトをすぐにつける。

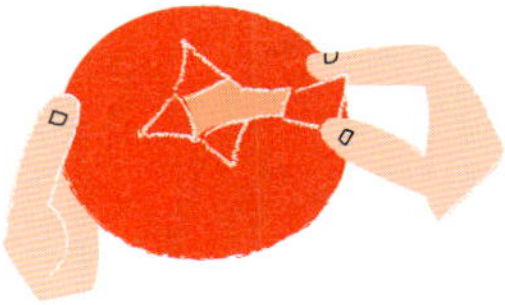

③切り込みを入れた部分がめくれるので、皮をへたに向けてむく。

へたをとる

へたの横に、包丁の先を斜めに差し込み、ぐるっと回転させてくり抜く。

かぼちゃ

カレースプーンなどで、ワタごとすくい出すように種をとる。

皮も食べられるが、味がしみ込みにくいので、煮物などではところどころ皮をむく。まな板に置いて、包丁でそぐようにする。かたくて包丁が入りにくい場合は、電子レンジで100gあたり約1分加熱すると切りやすくなる。

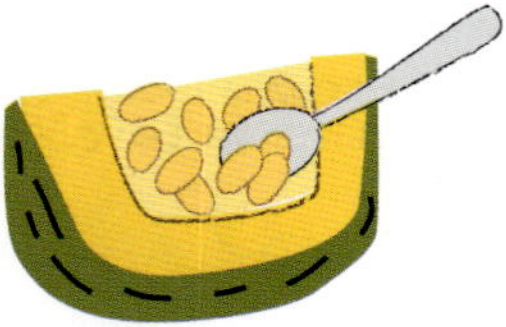

ピーマン

縦半分に切って、手で白い部分を種ごと外し、へたをとる。丸のままで使う場合は、へたを切り落とし、包丁の刃先で種をぐるりと切りとる。

さやえんどう(絹さや)、いんげん

筋があるのでとると口あたりがよくなる。へたを折り、そのまま引っ張ってとる。

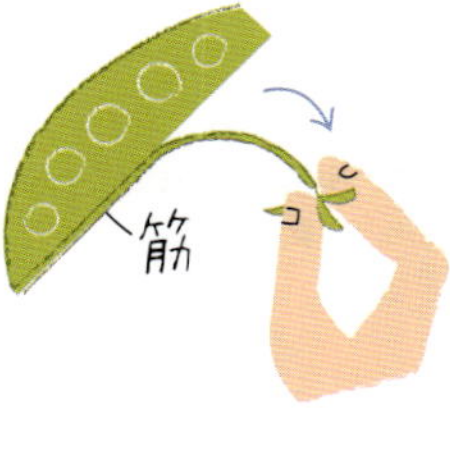

きのこ

根元の部分5mmぐらいを石づきといい、木についている部分。ここは食べられないので、包丁で切り落とす。軸は食べられるので、切って料理に加える。

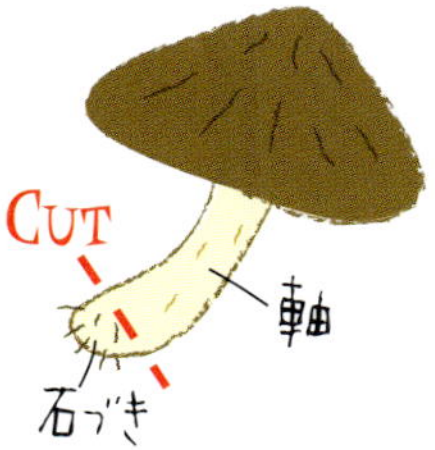

むいた皮やへたは捨てずにスープに!

大根やにんじん、玉ねぎ、かぶの皮やへた、キャベツの芯、じゃがいもの皮、かぼちゃの皮などよく洗う。鍋に水としいたけを入れて火にかけ、沸騰したら野菜の皮やへたを入れて中火で15～20分煮て、ざるでこす。シチューや煮物などに。

野菜の下ごしらえ（アク抜き）

野菜にはアクがあるものがあり、下ごしらえが必要です。ちょっとしたひと手間で、料理がおいしく仕上がります。

食材には、苦味や渋み、えぐみといった食べたときに嫌な味がするものがあります。それらを「アク」といい、春の山菜などでは、おいしさでもありますが、あまり強いものは、料理の味を損ねるので、事前に水にさらしたり、下ゆでしたりします。それぞれに適した方法がありますのでおぼえておきましょう。

水にさらす

空気に触れると変色する野菜や、ぬめりが出るいも類などは、ボウルに水を入れた中にしばらくつけます。

じゃがいも・さつまいも

切るとデンプン質が出て料理したときにべたっとなる。また、空気に触れると黄褐色に変色する。それらを防ぐために、水を2～3回とり替えて5～ 10分ほどつける。

なす

切り口が空気に触れると茶色くなる。この茶色は水にとけるので、水の中に入れ、浮かないように皿などをのせて5分さらす。

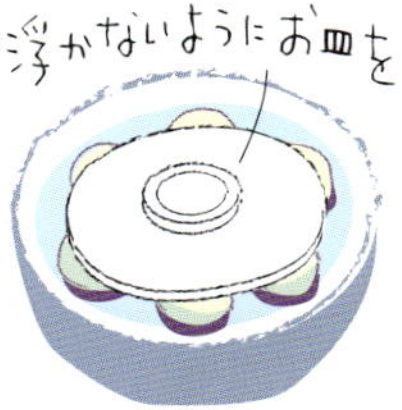

れんこん・ごぼう

空気に触れると茶色く変色するので、切ったらすぐに水に入れ、5～10分つける。白く仕上げたいときは、水に酢を数滴加える。

塩もみ

酢の物や漬け物などにする際に、塩をまぶして手でもんで、しんなりさせることを「塩もみ」と言い、味がしみ込みやすくなります。主にきゅうりやなす、大根、かぶなど。

ボウルに材料を入れ、ひとつまみの塩をふって、手でぎゅっともむ。さっと水洗いして水気をしぼる。ポリ袋に塩を入れてもむと、手軽にできる。

板ずり

きゅうりのイボイボや、オクラの細かい毛、ふきの筋などをとり除くとともに、緑色をより鮮やかにするために、表面を塩でもむことを「板ずり」と言います。

まな板に置き、ひとつまみの塩をまぶし、手のひらで上下に転がす。その後、水で塩を洗い流す。

ぬめりをとる

里芋などは、ぬめりがあり、そのまま煮ると膜ができて味がしみ込みにくくなります。皮をむいたら、塩でもんでぬめりをとります。

皮をむいた里芋をボウルに入れ、ひとつかみの塩をふって手でもむ。その後、水洗いして、軽く下ゆでをすると、ぬめりがとれる。

下ゆでする

大根やたけのこ、里芋などは、えぐみやアクがあるので、味をつけて煮る前に、ゆでておきます。調理前にゆでることを「下ゆで」と言います。

鍋に材料とひたひたの水を入れて、強火にかけ、沸騰したらふきこぼれない程度の弱火にして、やわからくなるまでゆでる。大根やたけのこには、米ぬかや米のとぎ汁を加えると、えぐみやアクを吸着してくれる。

生で使う場合も水に浸す

玉ねぎ
生だと辛みが強いので、水に15分ほどさらす。または、切ってから15分ほど置く。

レタス
サラダに使う場合、冷水につけると、ぱりっとしておいしくなる。つけた後は、水気をしっかりときること。

野菜以外の下ごしらえをする食材

野菜以外にも、下ゆでしたり、お湯をかけたりと、下ごしらえをしたほうがいい食材があります。

こんにゃく・しらたき
アクがあるので、調理前に軽く下ゆでします。こんにゃくは切ってから、しらたきはゆでてから切る。

油揚げ・がんもどき
油で揚げてある食材は油くさいことがあるので、油抜きをする。ざるにひろげ熱湯を両面にまわしかけ、キッチンペーパーで水気をふきとる。

乾物の戻し方

保存をよくするために、乾燥させたものが乾物です。めんどうそうですが、基本は水で戻すだけなので手間はかかりません。

水分を抜いて乾燥させた**乾物**は、外食などで不足しがちな**食物繊維や無機質（ミネラル）が豊富**です。昆布や煮干、干ししいたけは、だしに、ひじきや切り干し大根、高野豆腐は、煮物に、わかめや焼麩などは、みそ汁の具にと、いろいろ活用できます。手間がかかりそうに感じるかもしれませんが、長く保存できるので、常備しておけばいざというときの強い味方になります。

切り干し大根

大根を細く切って干したもので、食物繊維やカルシウム、鉄分が豊富。煮物やサラダに。

▶戻し方

水の入ったボウルでほぐしながら洗い、軽くしぼる。たっぷりの水を入れたボウルに浸して20～30分置き、水気をしぼる。

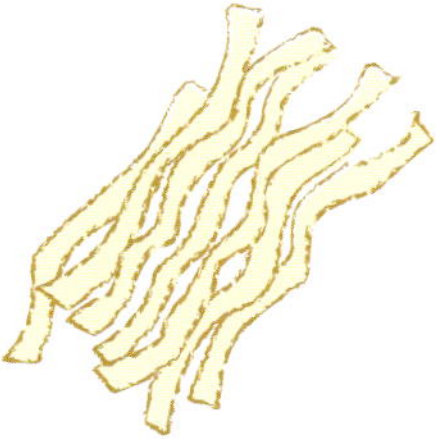

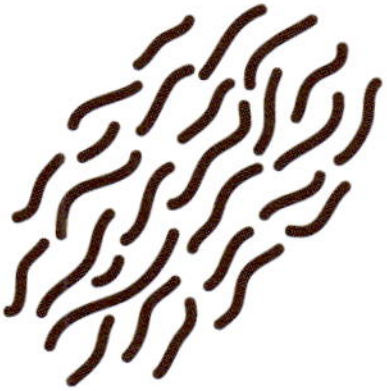

ひじき

海藻を乾燥させたもので、細くて短い芽ひじきと、太めの長ひじきがある。カルシウムを多く含む。煮物やサラダに。

▶戻し方

ごみをとり除き、たっぷりの水を入れたボウルに浸して20～30分置き、目の細かいざるにあける。戻すと約8倍に大きくなるので、戻す量に気をつけて。

春雨

デンプンをめんのように細長くして、乾燥したもの。つるつるとした独特の食感があり、鍋やスープの具にしたり、サラダやあえ物に使われる。

▶戻し方

キッチンバサミで食べやすく切り、熱湯で2～3分ゆでて戻し、ざるにあげて水気をきる。スープや鍋なら、切ってそのまま入れても。

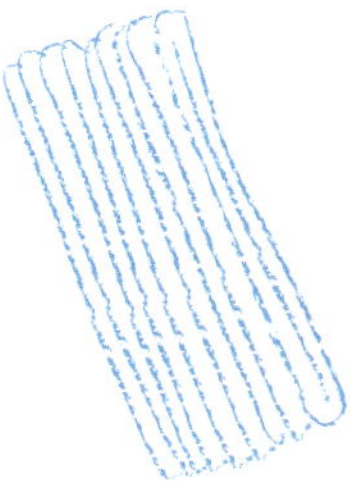

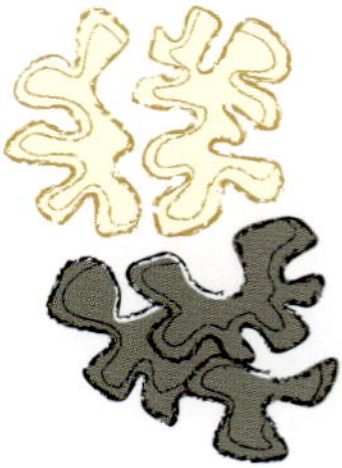

きくらげ

きのこを乾燥させたもので、中華料理でよく使われる。黒きくらげと白きくらげがあり、黒きくらげは炒めものに、白きくらげはサラダやデザートにおすすめ。

▶戻し方

軽く洗ってごみをとり除き、たっぷりの水を入れたボウルに浸し、黒きくらげは30分、白きくらげは5分置く。水気をしぼり、固い石づきの部分を切り落とす。

焼麩(やきふ)

小麦粉のグルテンから作られた生麩を焼いたもの。香ばしく、だしをよく吸うので吸い物や鍋、スープの具に、また、あえ物やサラダもおいしい。植物性たんぱく質が豊富。

▶戻し方

水で戻してから水気をよくしぼって使う。鍋や煮物などはそのままだしや煮汁に入れてもかまわない。

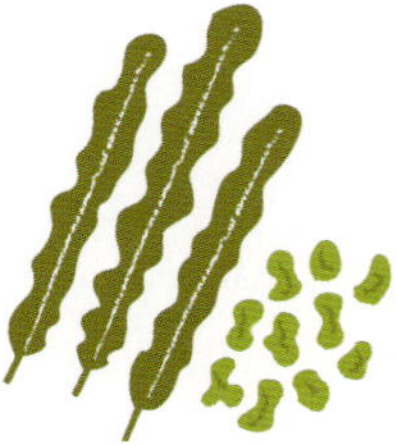

わかめ

そのまま干したもの、食べやすく切ってあるカットわかめ、塩蔵わかめなどがある。みそ汁の具やあえ物、サラダなどで、磯の香りがたのしめる。

▶戻し方

乾燥わかめは、たっぷりの水に5分つける。みそ汁などは、戻さずにそのまま入れてOK。長く水につけるとぬめりが出るので、つけすぎないこと。戻ると10倍になる。塩蔵わかめは、水で塩を流してから水につける。

高野豆腐（こうやどうふ）

豆腐を凍らせ、解凍してから水気をしぼり、乾燥させたもので、凍り豆腐、しみ豆腐とも呼ばれる。カルシウム、鉄分が豊富。含め煮や卵とじなどに。

▶戻し方

最近のものは戻す必要がなく、煮汁にそのまま入れる。サラダなど戻す必要がある場合はバッドなどに並べて水をかぶるぐらいまで注ぎ、落し蓋をして戻す。両手で押さえて水気をしぼってから使う。

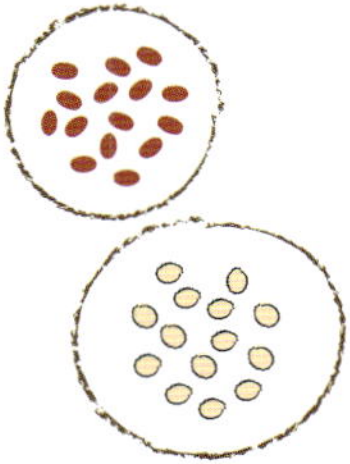

大豆・小豆

大豆は「畑の肉」といわれるほど、たんぱく質が豊富で煮豆やサラダに。小豆は利尿作用が高く、赤飯、小豆粥、砂糖と煮てあんなどに使われる。

▶戻し方

水でさっとかき混ぜて洗い、水気をきってからボウルに入れ、豆の4倍の水を注ぐ。大豆なら約6時間、小豆は表皮がかたいのでできれば1晩つけて豆がふっくらするまで水を吸わせる。

乾物はビンに入れて保存

水気を嫌う乾物はビンや缶などに入れて保存します。透明なビンに、使いやすい大きさに切って入れておけば、さっととり出して料理に使えるので便利。

野菜の切り方

「切る」という作業にも、素材や料理に合わせた切り方があります。特に野菜には、さまざまな切り方があるので、呼び方と合わせて覚えましょう。

料理には、ある程度の決まった切り方があります。**大きさや厚さを揃えると、均一に火が通り、味のムラが少なくなります。**また、料理の見た目や、食感がたのしめるなど、おいしいく仕上げる効果もあります。

輪切り

円筒形のもの（大根、にんじん、なす、さつまいも、れんこんなど）、球形のもの（玉ねぎ、トマトなど）を輪に切る。

▶切り方

材料を横にまな板に置き、包丁の刃を直角に当てて輪状に切る。煮物は厚めに、汁ものや漬物は薄めと、料理に合わせる。

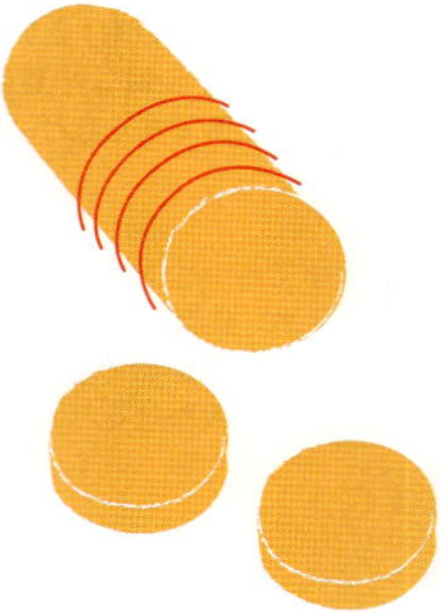

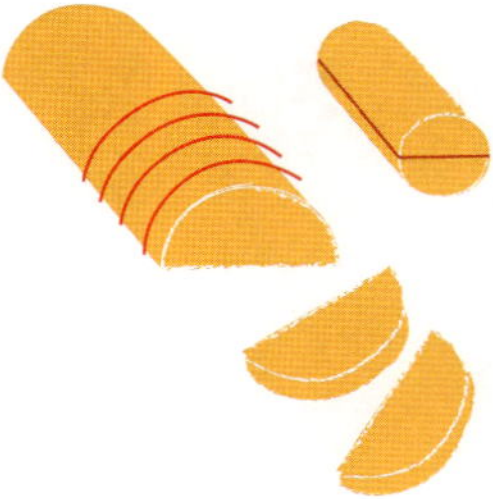

半月切り

輪切りを半分にした形。汁物や鍋などに向く。

▶切り方

材料を縦半分に切り、端から切っていく。または、輪切りにしたものを半分に切ってもよい。

いちょう切り

半月切りを半分にした形。サラダや汁もの、炒めものなど、いろいろと使いやすい。

▶切り方

材料を縦4等分に切り、端から切っていく。4等分したのち、2等分の状態に戻して切ると、切りやすい。

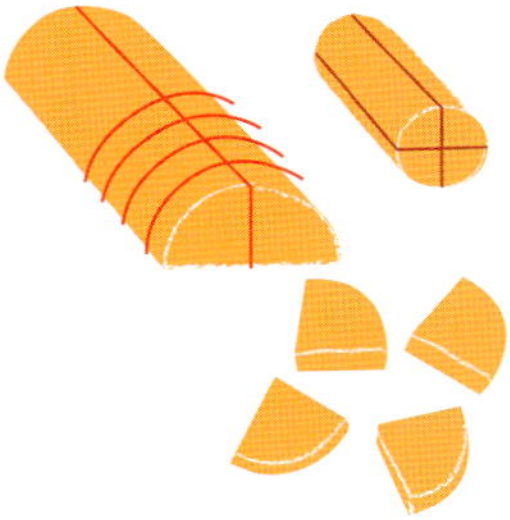

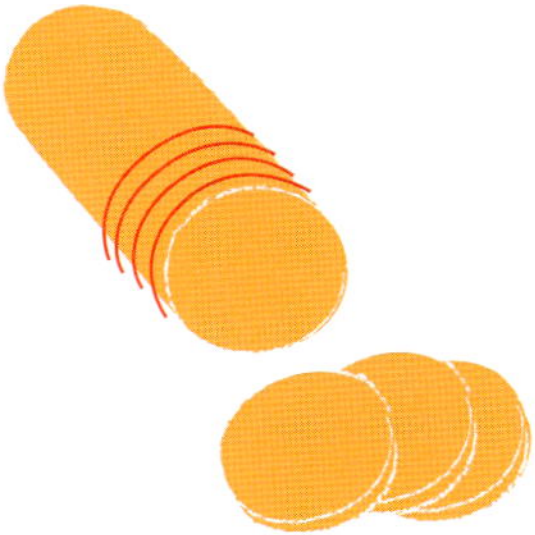

薄切り

薄く切る。炒めもの、汁もの、サラダなどに。

▶切り方

材料を、端から幅1～3mmの薄さに切る。

小口切り

細長い野菜（きゅうり、長ねぎ、わけぎ、唐辛子など）を輪切りにする。薬味などにも適した切り方。

▶切り方

材料を横にまな板に置き、端から幅1～2mmに切る。

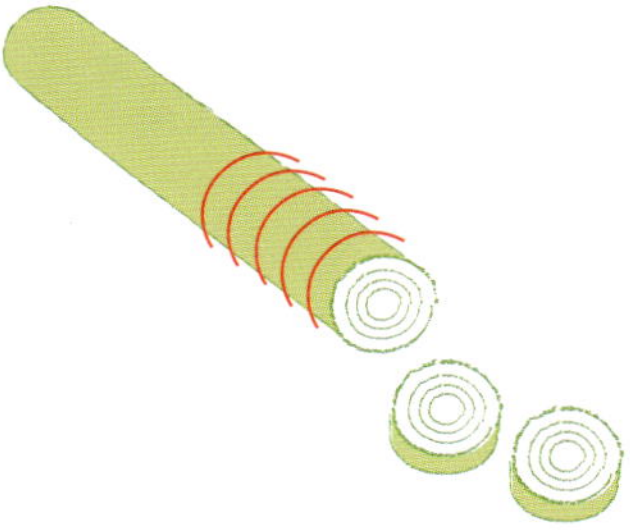

斜め切り

細長い野菜（長ねぎ、ごぼう、きゅうりなど）を斜めに切る。切り口の面積が大きく、味がしみ込みやすいので、鍋ものや煮物などに。

▶切り方

材料を横にまな板に置き、端から包丁の刃先を使って斜めに切る。厚さは料理に応じて。

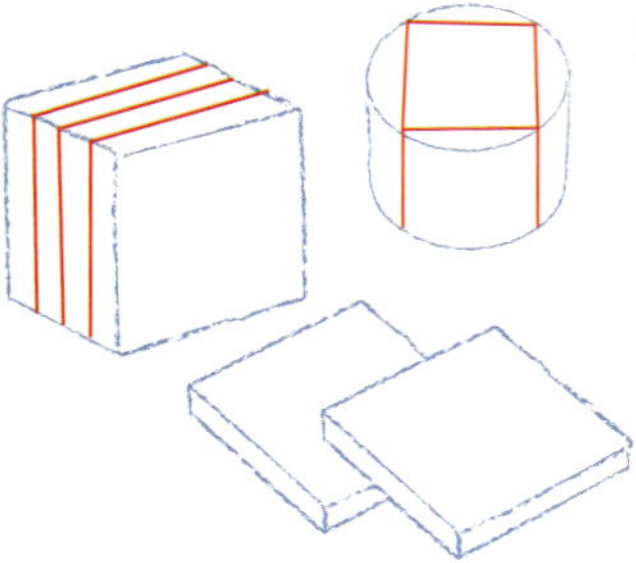

色紙《しきし》切《ぎ》り

色紙のような薄い正方形。大根、にんじん、かぶなど、椀だねなどに使う。

▶切り方

材料を正方形の棒状になるように、丸い部分を切り落とし、端から幅2～3mmの薄切りにする。

拍子木《ひょうしぎ》切《ぎ》り

細長い棒状。じゃがいもなどのいも類や、大根などの根菜を、煮物や揚げ物にするときに。

▶切り方

長さ5cm、厚さ1cmの板状に切り、平らに寝かして、端から幅1cm角の棒状に切る。

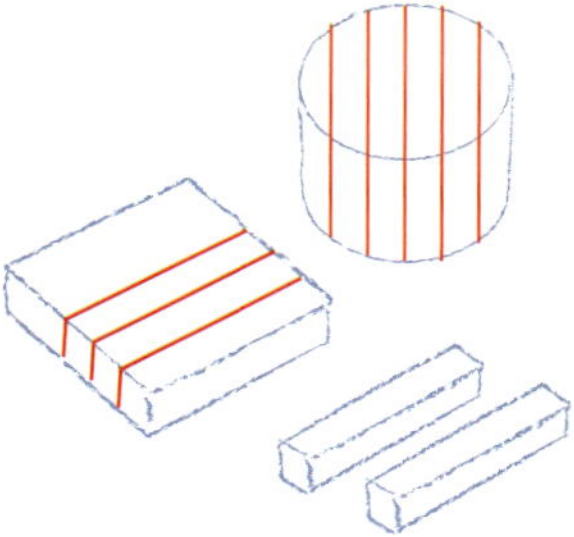

短冊切《たんざくぎ》り

拍子木切りを薄く切ったもので、七夕の短冊のような形。大根、にんじん、長いもなど。あえ物や酢の物に。

▶切り方

長さ5cm、厚さ1cmの板状に切り、平らに寝かして、端から幅1～2mmの薄切りにする。

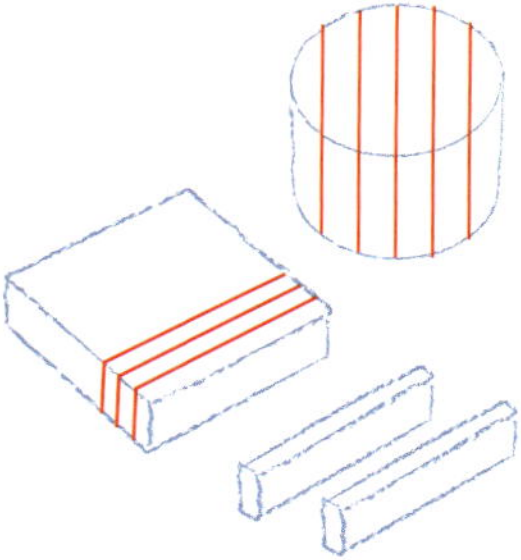

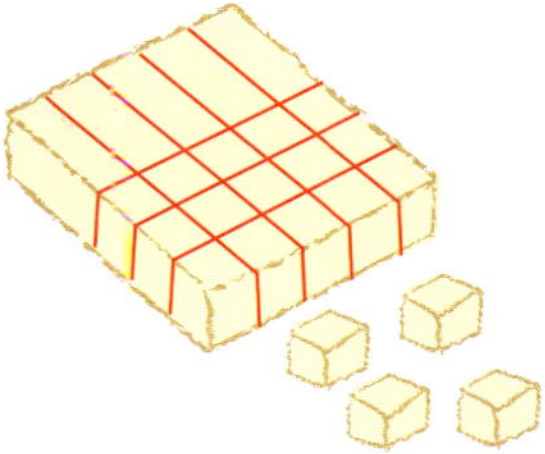

さいの目切り

一辺の長さが1cmほどのサイコロ形。スープや椀の具、酢の物、サラダなどに。

▶切り方

拍子木切り（右ページ参照）にしたものを、何本か並べて、端から幅1cmに切る。

あられ切り

一辺の長さが5mmほどの、小さいサイコロ形。スープの具や詰め物の具などに。

▶切り方

小さめの5mm角の拍子木切りにしたものを、何本か並べて、端から幅5mmに切る。

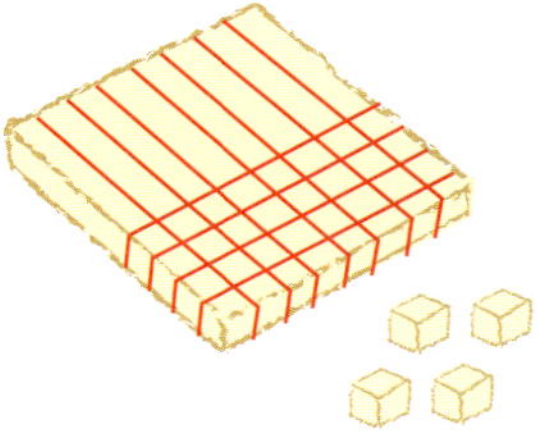

乱切り

不規則な形にする切り方。表面積が大きくなるので味がしみ込みやすくなり、煮物、シチュー、漬け物などに向く。

▶切り方

材料を横に置き、ひと口大に斜めに切ったら、材料を手前に90度回転させ、斜めに切る。同様に1回切るごとに、回転させて切っていく。

くし形切り

丸い材料（トマト、玉ねぎ、かぶ、かぼちゃなど）を、放射状に切る。

▶切り方

縦半分に切り、平らな切り口をまな板に当てて置き、さらに縦3～4等分に切る。大きなかぼちゃなどは、さらに細く切ることも。

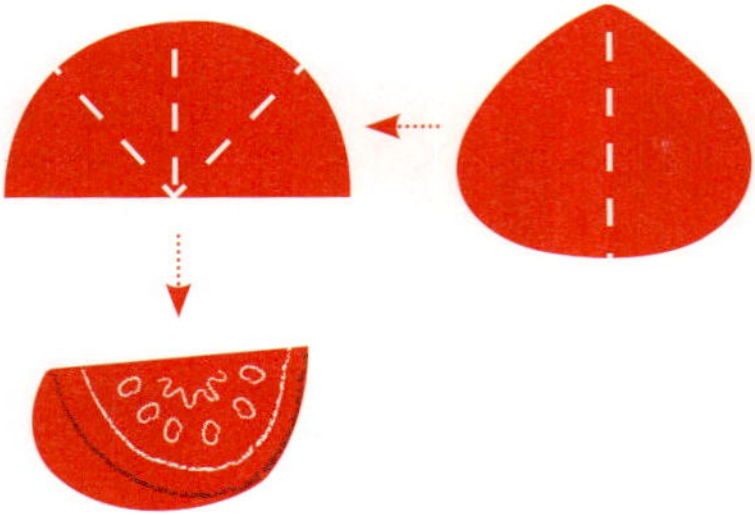

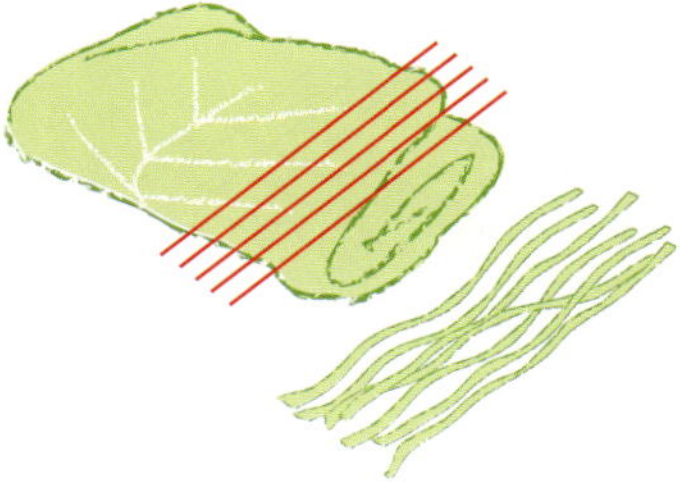

せん切り

細長く切る。キャベツ、大根、にんじん、ごぼう、ピーマン、しょうがなど。フライに添えるのをはじめ、サラダや炒め物、汁物など、いろいろに使える。

▶切り方

材料を幅1～2mmの薄切りにし、それを数枚重ねて、幅1～2mmに切る。キャベツなどの薄いものは、適度な幅に揃え（もしくは葉を1枚ずつはがして重ね）、繊維に添って幅1～2mmに切る。

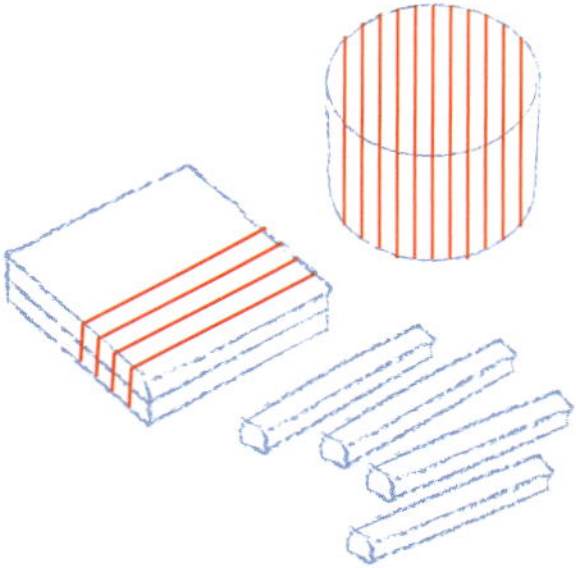

千六本《せんろっぽん》

やや太目のせん切り。元は大根のせん切りのこと。みそ汁の具やサラダ、あえ物などにするときに。

▶切り方

材料を幅3～4mmの薄切りにし、それを何枚か重ねて、幅3～4mmに切る。

白髪ねぎの切り方

長ねぎを糸のように細く切ったもので、めんの薬味、蒸し物や煮物の飾りに使います。

▶切り方

長ねぎを長さ4～5cmに切り、中心部まで縦に切り込みを入れて、中の芯（黄色い部分）をとり除く。まな板に、内側を下に向けて平らに置き、繊維に添って幅1mmに細く切る。水にさらし、水気をきって使う。

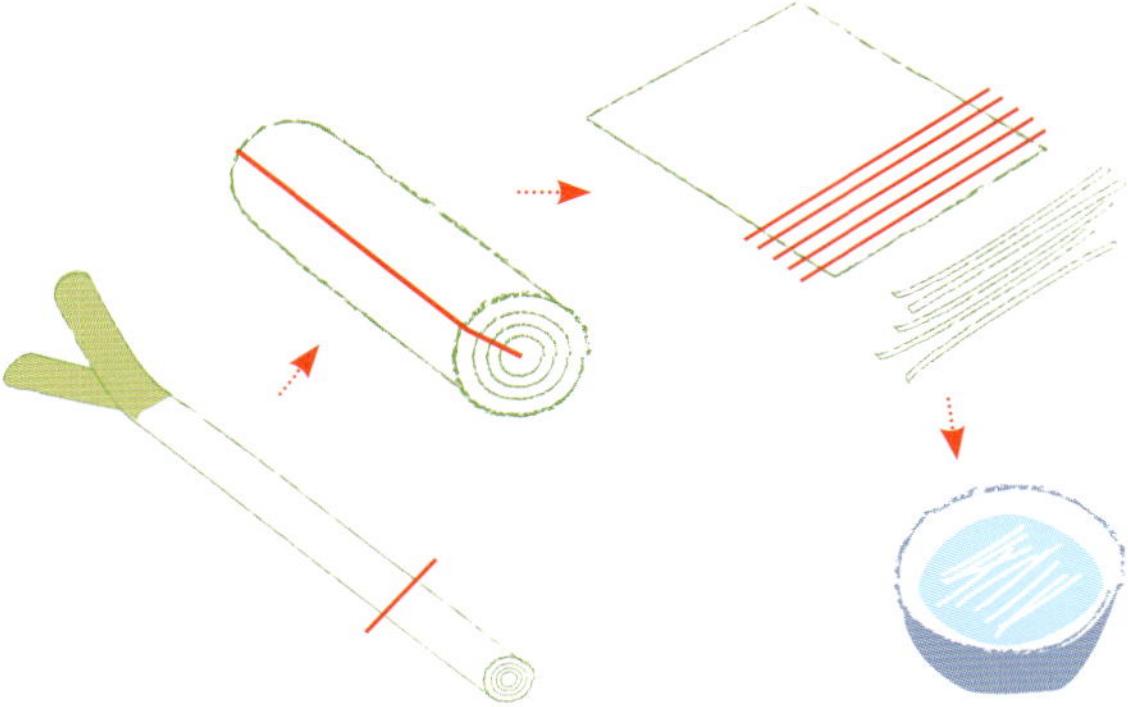

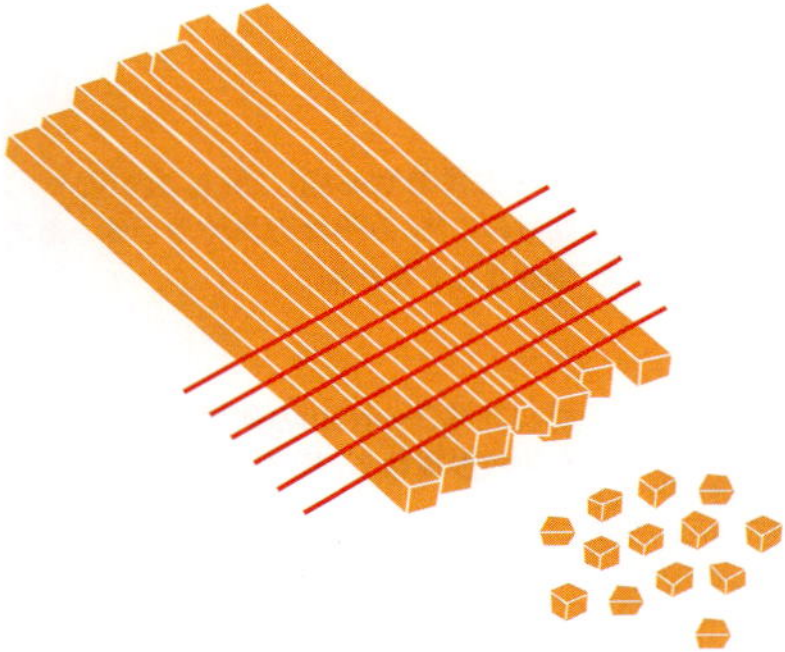

みじん切り

細かくきざむこと。玉ねぎ、長ねぎ、にんにく、しょうがなどを薬味として。にんじん、ピーマンなどはチャーハンやピラフの具として使われる。

▶切り方

せん切り（▶P82）にした材料をいくつか重ね、端から細かくきざんでいく。料理によって大きさが変わり、大きめのものは「粗（あら）みじん」と言う。

長ねぎのみじん切り

端を残して切り込みを入れると、バラバラにならずにみじん切りができます。

▶切り方

必要な長さに切った長ねぎに、端を1cmほど残して切り込みを入れる。切り込みがある側から細かくきざんでいく。

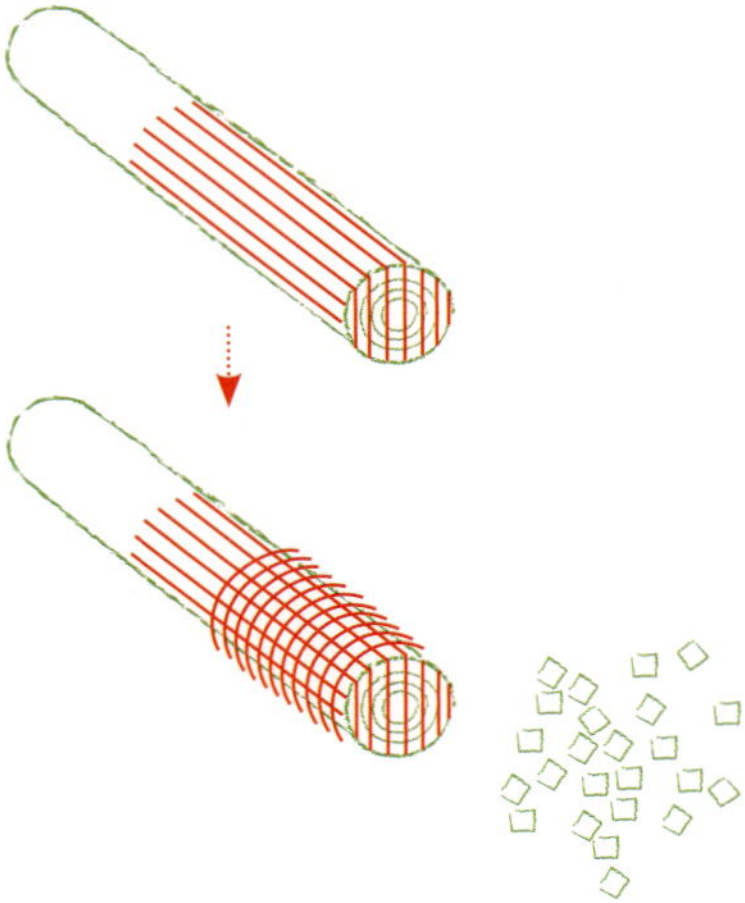

玉ねぎのみじん切り

すべて切ってしまうと、バラバラになってしまうので、端を残して切ります。

▶切り方

縦半分に切った玉ねぎに、根元を1cmほど残して、繊維に添って切り込みを入れる。包丁を寝かせて、まな板と平行に何本か切り込みを入れ、切り込みがある側から細かくきざんでいく。

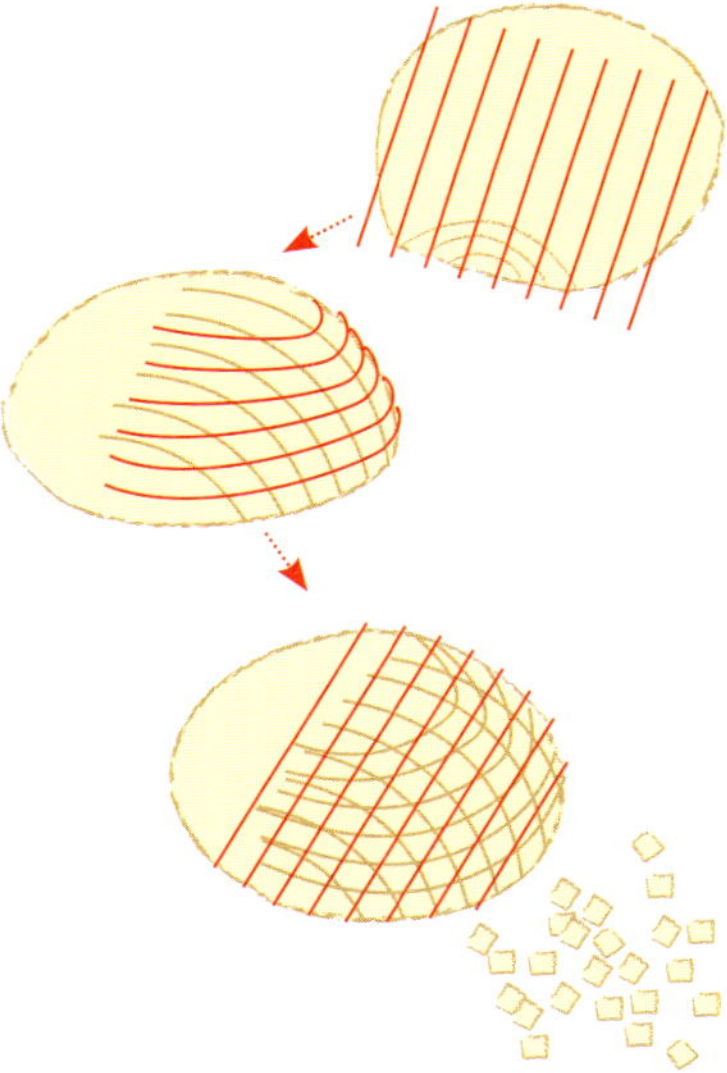

細かくしたいときは包丁でさらにきざむ

上のようにみじん切りをしても、大きいものがある場合は、切った材料をさらにきざむと細かくなります。

▶切り方

みじん切りした材料をまな板の中央に集め、包丁の刃先を指で軽く押さえ、そこを中心に弧を描くように移動させながらきざむ。何度か往復する。

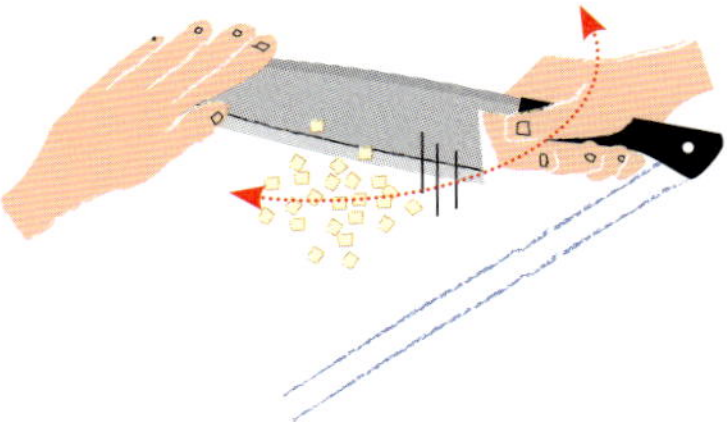

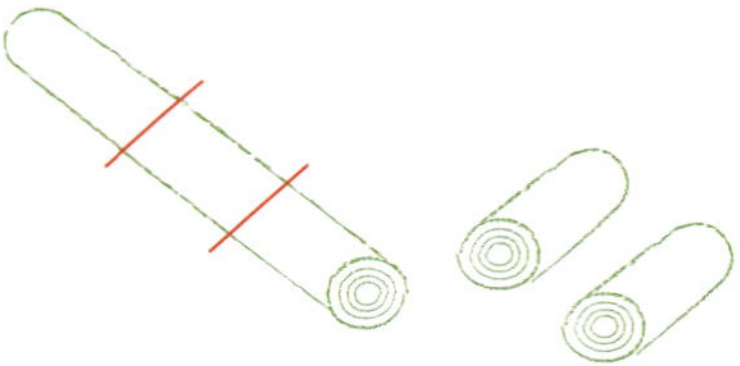

ぶつ切り

食べやすい大きさに切ること。野菜だけでなく、肉や魚にも使われ、煮込み料理に用いられる。

▶切り方

まな板に材料を置き、端から幅2～5cmに切る。ひと口大とある場合は、約3cm。

ささがき

主にごぼうを笹の葉のように細長く切る。きんぴらやあえ物に。

▶切り方

材料に縦に何本か切り込みを入れる。材料をまわしながら、エンピツを削るように、包丁を斜めに入れて薄くそぐ。

そぎ切り

切り口を大きくとる切り方。表面積が大きくなるので、火の通りが早い。白菜、生しいたけなどを炒め物や鍋にする際に。

▶切り方

包丁を寝かせるようにして、材料に斜めに入れ、そぐようにして切る。

たたく

切り方とは違うが、しょうがやにんにくの風味をより出すためや、きゅうりや長いもなどに味をしみやすくするために、たたくことがある。また、肉や魚を包丁の刃でトントンとすることも「たたく」と言う。

しょうがやにんにくをまな板に置き、包丁を寝かせて、はらを使って押しつぶす。

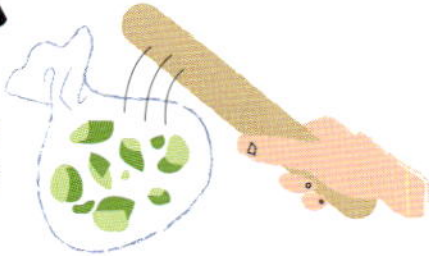

きゅうりや長いもなどをポリ袋に入れて、麺棒でたたいて、軽くつぶす。

より美しく、おいしく仕上げるために

面とり

長時間煮込んでも材料が崩れないように、野菜の角を削る。大根、かぼちゃ、にんじんなどに。

▶切り方

材料を切ったら、その切り口に包丁を当て、角を薄く切りとる。

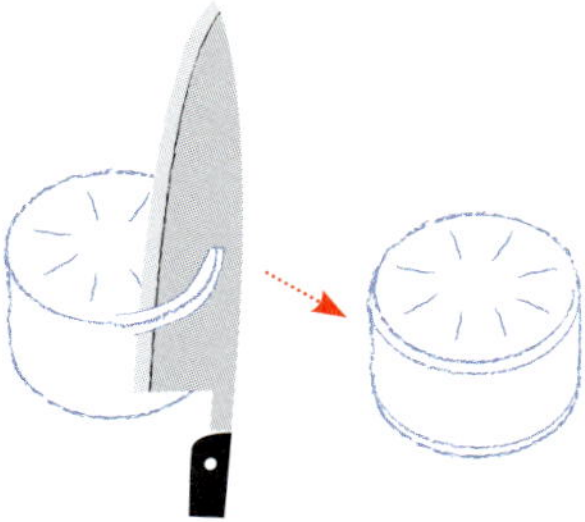

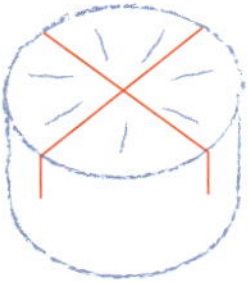

隠し包丁

火の通りをよくし、味をしみ込みやすくするために、裏側に切り込みを入れる。大根などの根菜類に。

▶切り方

材料の片面に、1/3ぐらいの深さまで十字の切り込みを入れる。切り込みを入れた側を下にして盛りつける。

手軽にできる飾り切り

お節料理や、お客様をおもてなしの際に、飾り切りしたものを添えると、食卓が華やかになります。ここでは、簡単にできるものを紹介します。

蛇腹

きゅうりの太さの1/2か1/3まで、斜めに細かく切り込みを入れる。裏返して同じ方向に包丁を入れ、同様に斜めに切り込みを入れる。両側に割り箸を置くと切り落とさない。蛇のように長く伸びたものを適当な大きさに切って、酢の物やあえ物に。

手綱

こんにゃくを厚さ5～6mmに切り、中央に1～2cmの切り込みを入れる。一方の端を切り込みに通し、両端を軽く引っ張って手綱のようにする。表面積が大きくなって味がしみ込みやすくなるので、煮物などに。

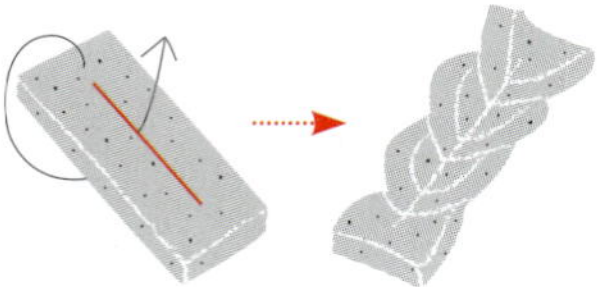

花ばす

れんこんを、長さ5cmに 切 る。穴の 丸 み に 添 っ てV字に切り込みを入れ、花のように形をととのえてから、輪切りにする。煮物やサラダ、きんぴらなどに。

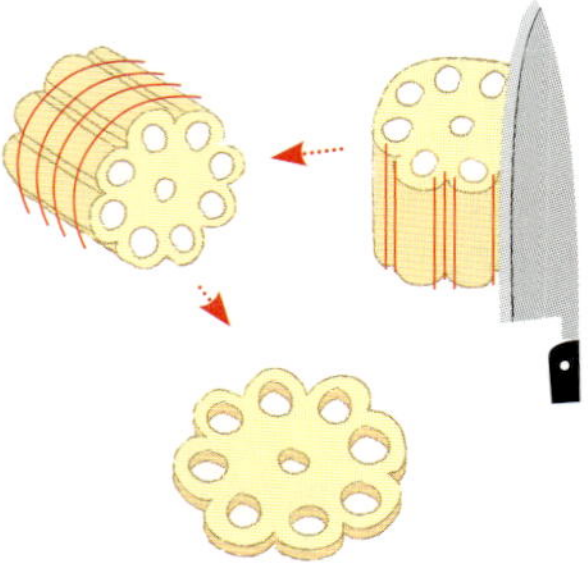

菊花

厚さ5〜6cmの輪切りか、かぶなら半分に切る。両側に割り箸を置いて、下5mmくらいを残し、縦と横にそれぞれ細かく切り込みを入れ、甘酢に漬けると菊の花のように開く。焼き物に添えたりする。

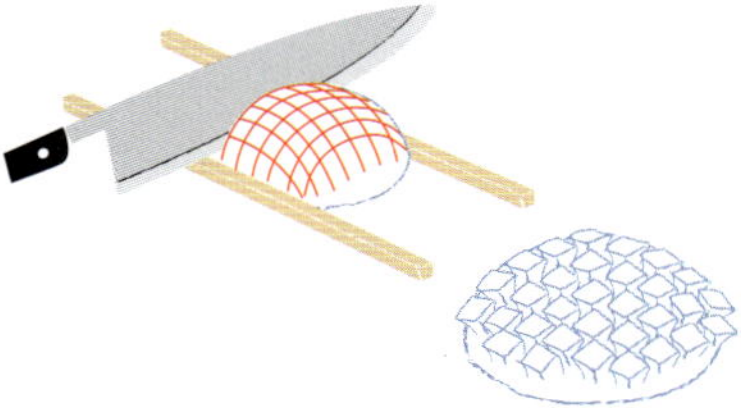

松葉

かまぼこやゆずの皮を、薄い長方形に切る。等間隔に、互い違いに切れ目を入れ、切った先を交差させる。煮物の天盛りや吸い物の吸い口に。

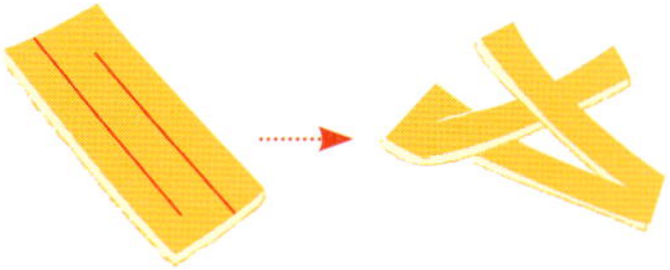

末広

拍子木切り（▶P80）にしたものを、片側を1cmほど残して2〜3mm間隔で切れ目を入れる。手で軽く押し広げて形をととのえて煮物などに。

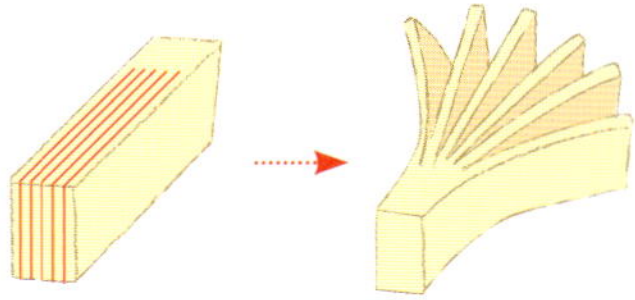

しいたけ十字

しいたけの軸を切り落とし、かさの部分に左右から包丁を入れ、縦に浅いV字の切り込みを入れる。十字になるように横にも切り込みを入れる。また、V字の切り込みを3本交叉して入れると花のようになる。

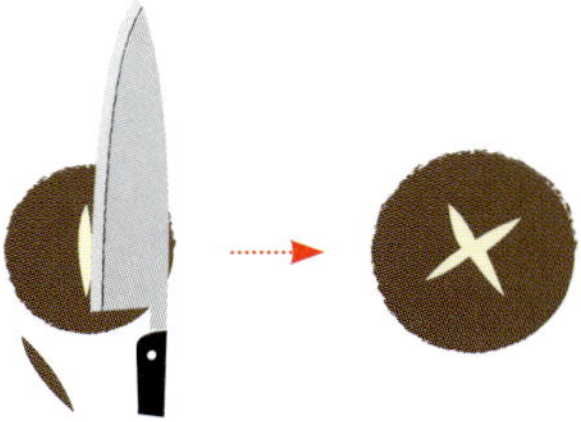

魚の下ごしらえ

調理が難しそうな魚ですが、慣れれば一尾をおろすのも簡単です。魚料理の醍醐味は一尾魚にあります。ぜひ挑戦してみてください。

魚は切り口からうまみが出てしまうので、切り身の魚は、時間とともにどうしても味が落ちます。イワシやアジ、サンマなどの小ぶりな魚は、できれば一尾で買って自分でおろすと、より、おいしさが味わえます。購入の際は、**目が澄んでいて、全体にツヤと弾力があるものが新鮮**です。

アジの三枚おろし

三枚おろしは、魚を上身、中骨、下身の3つに分ける方法で、基本は他の魚も一緒。骨の形に沿って包丁を入れるのがコツ。

①ウロコを落とす

頭を左にしてまな板に置き、包丁の刃を身に直角に当て、尾から頭に向かってウロコをこそげ落とす。

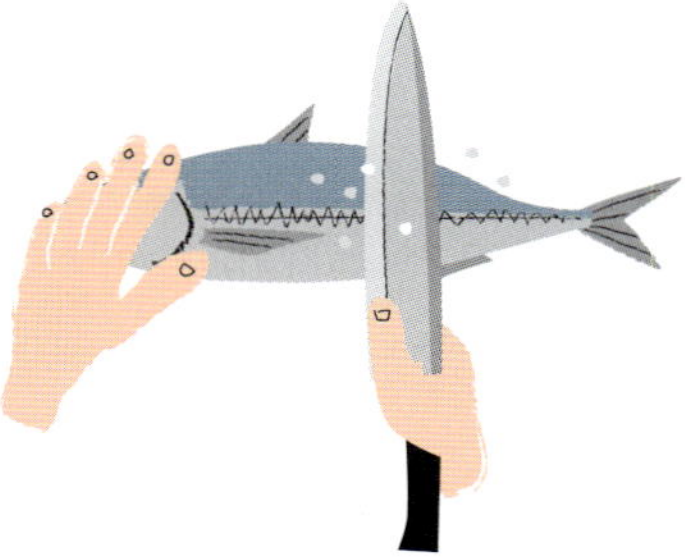

②ぜいごをとる

アジには「ぜいご」というかたいウロコがあるので、尾のつけ根から身の半分ぐらいまでとる。包丁を寝かせて尾のつけ根から入れ、細かく前後に動かしながらそぎとる。裏面も同様にとる。

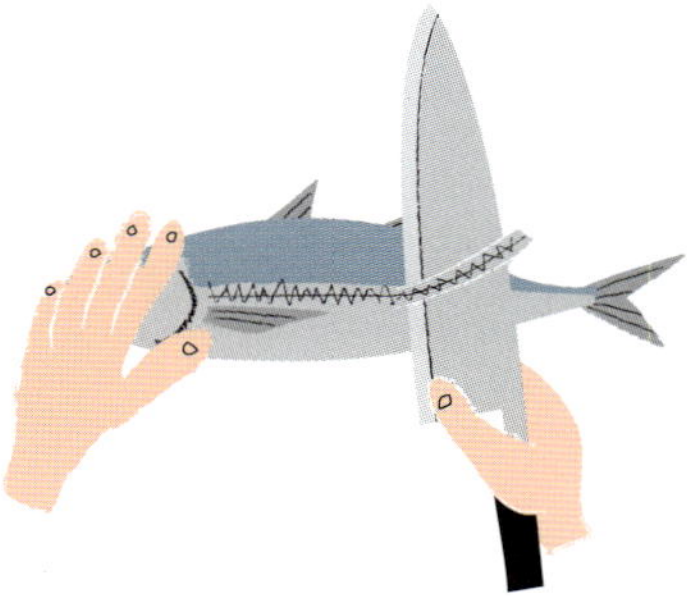

③頭を切り落とす

頭を左に置き、胸びれのつけ根に包丁を入れる。背骨に当たったら、包丁を垂直に立てて力を入れて切り落とす。

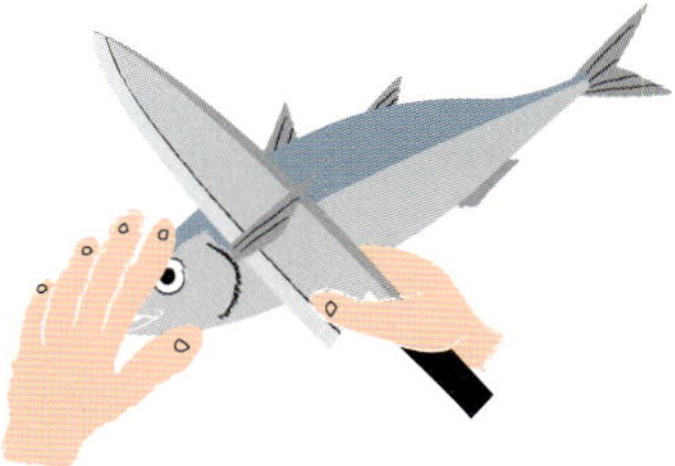

④内臓をとり出す

腹を手前に向けて置き、包丁を寝かせて頭側から3～4cm切り開く。包丁の先で内臓をかき出す。骨についている薄い膜は生臭さの原因になるので、必ずとる。かき出したら腹の中を水できれいに洗い、キッチンペーパーで水気をふく。

⑤身に切り込みを入れる

腹を手前にして置き、④で切り開いたところから包丁を寝かせて刃を入れ、中骨に沿って尾のつけ根まで切り込みを入れる。はじめは浅く切り、だんだんと深くして背骨に当たるまで切る。アジの上下を逆にして、今度は背の側から同様に切り込みを入れる。

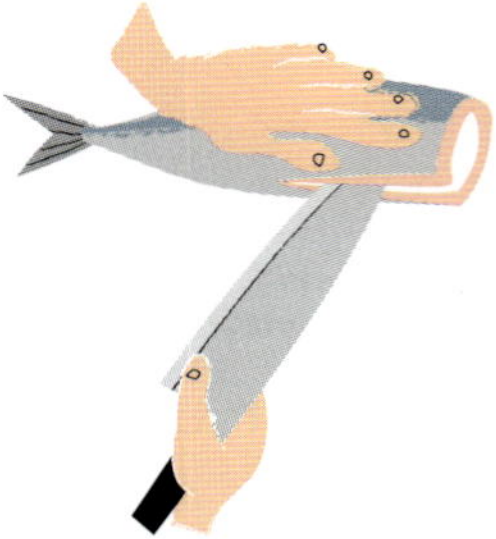

⑥片身を切り離す

尾のつけ根に包丁を寝かせて、向こう側まで突き刺す。尾をしっかりと押さえて、背骨に沿ってすべらすように包丁を動かし、身を切り離す。尾のつけ根も切る。

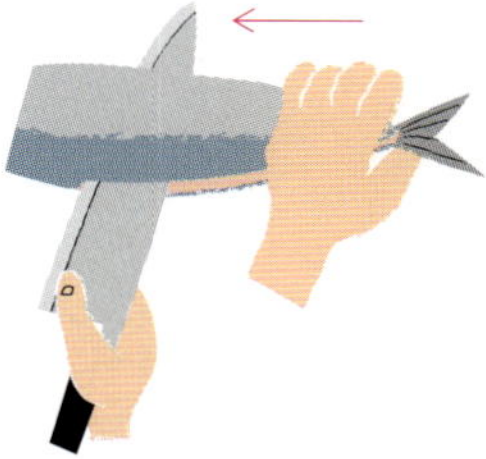

⑦反対の身も切り離す

アジを裏返し、⑤、⑥の手順で同様に切り、反対の身も骨から切り離す。

イワシの手開き

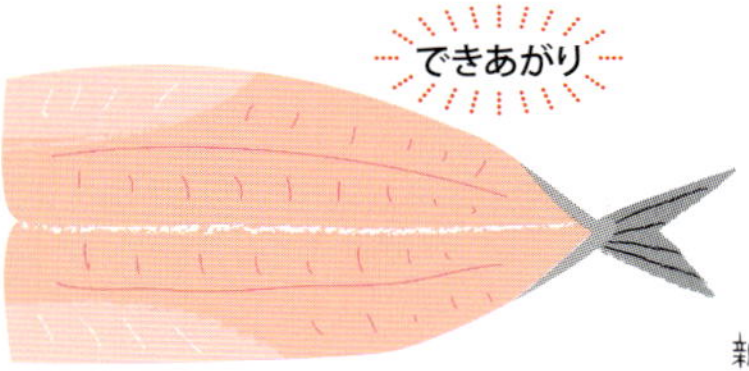

イワシは身がやわらかくて骨が外しやすいので、手で開く。初心者でも手軽にできる。

新聞紙を活用

まな板の上に、新聞紙を何枚か重ねて広げ、その上で魚をおろす。

①ウロコをとる

ボウルに冷たい塩水を用意し、イワシを入れる。親指を尾から頭に向けて動かし、身を崩さないようにウロコをこそげとる。とりにくいときはアジと同様に包丁でこそげ落とす。

②頭を切り落とし、内臓をとり出す

胸びれのつけ根から包丁を入れ、頭を切り落とす。小さいものなら、手でもぎとれる。腹から肛門まで切り込みを入れ、内臓をとり出す。塩水できれいに洗い、キッチンペーパーで水気をふく。

③親指で中骨と身を離す

②の切り込みの中央に両手の親指を入れ、中骨に沿って左右に親指を広げていく。

④平らに広げる

向こう側まで親指で開いたら、中骨のつけ根を折り、平らになるように身を広げる。

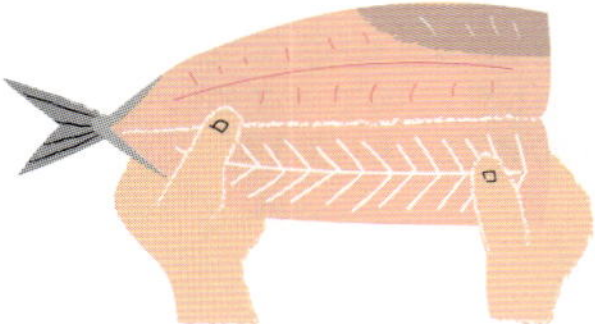

塩焼きなど、三枚におろさないときは…

ウロコをとり（アジならぜいごもとる）、腹に切り込みを入れて、内臓をとり出す。

洗ってキッチンペーパーで水気をふけば、塩焼きや煮物の下ごしらえは完了。保存するときも、この状態に塩をふり、キッチンペーパーとラップで包んで冷蔵庫のチルド室に入れる。

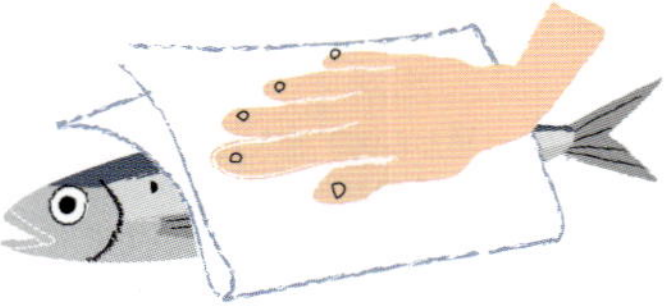

⑤中骨をとる

まな板の上に皮を下にして置き、左手で尾を押さえ、右手で中骨を尾から頭に向けて引っ張って外す。

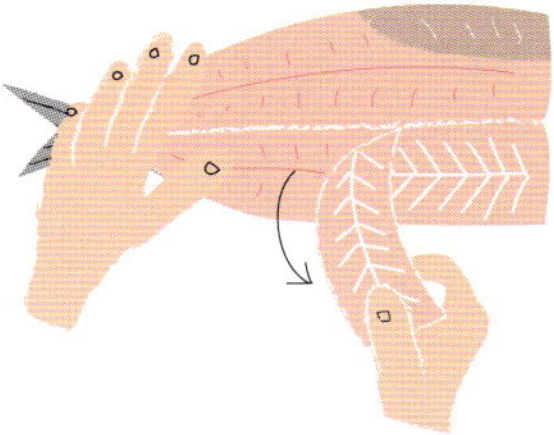

⑥腹骨をそぎとる

包丁を寝かせて、腹骨をそぐようにしてとり除く。

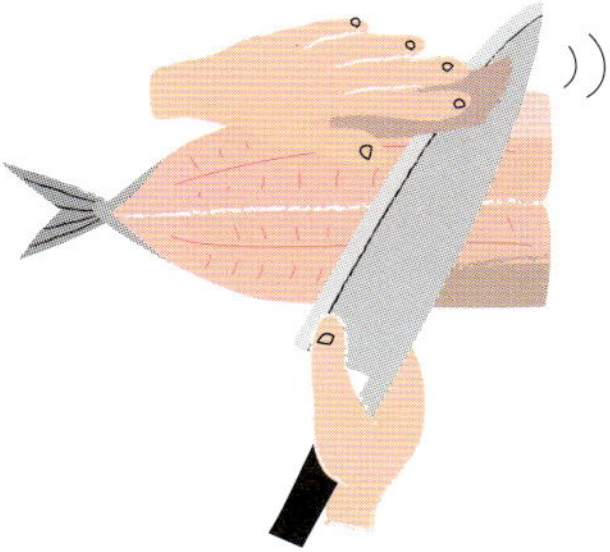

魚の各部位の名前

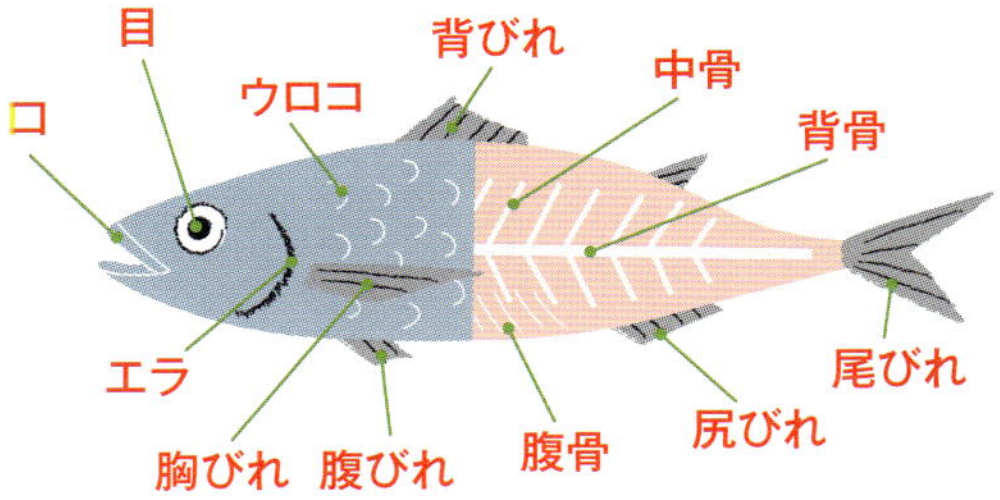

エビやイカの下ごしらえ

焼くだけの簡単おつまみから豪華な料理まで、いろいろと使えるのがエビやイカ。イカは体の構造を覚えてしまえば、ささっとできるようになります。

エビもイカも、たくさんの種類があります。イカはどの種類でもさばき方に違いはありませんが、エビは大きな伊勢エビなどと小エビとでは、さばき方が違います。ここでは、フライなどによく使われる中型のエビのさばき方を紹介します。**ポイントは、エビは背わたのとり方、イカは目玉やくちばしなどのとり除く部位です。**

エビ

殻つきのまま使う場合

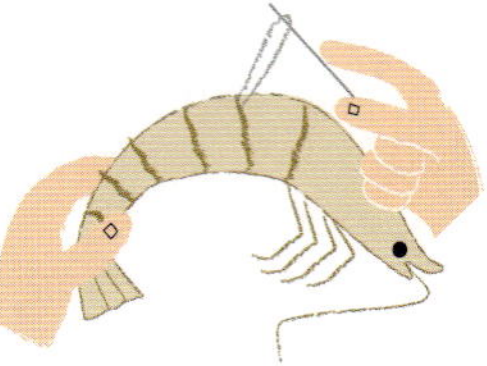

エビの背に透けて見える黒っぽい筋が背ワタ（エビの腸管）で、苦味があるのでとり除く。頭から2～3節目の殻と殻の隙間から、背ワタの下をくぐらせるように竹串を刺す。ゆっくりと少しずつ引き上げて、背ワタをとり出す。

尾を残して殻をむく場合

①頭をとる

頭と身を両手で持ち、身から頭をねじるようにしてもぎとる。

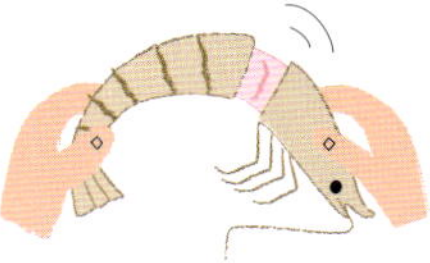

②殻をむく

腹側から身と殻の間に指を入れ、尾と1節の殻を残して殻をはがす。

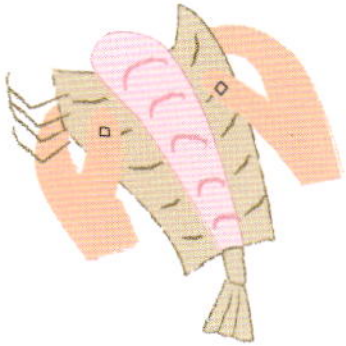

③尾をしごく

尾の先端を切り落とし、中の水分を包丁の先端でこするようにして出す。

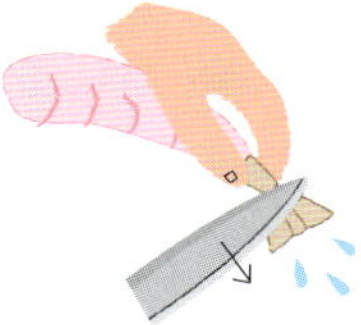

④背ワタをとる

背に浅く包丁で切り込みを入れ、そこから背ワタをとり除く。腹側に3〜5か所、切り込みを入れると、火を通したときに曲がらない。

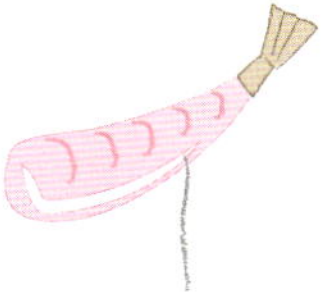

むきエビは片栗粉をまぶす

むきエビは、そのまま料理に使うと、くさみが残ってしまいます。片栗粉が、余分なにおいやぬめりを吸着してくれるので、調理前にひと手間かけましょう。

ボウルにむきエビを入れ、片栗粉を軽くふりかける。手でよくもんで、その後、水洗いする。

イ カ

①つなぎ目をはずす

胴の中に指を入れ、内臓を傷つけないようにして内臓と胴のつなぎ目をはずす。

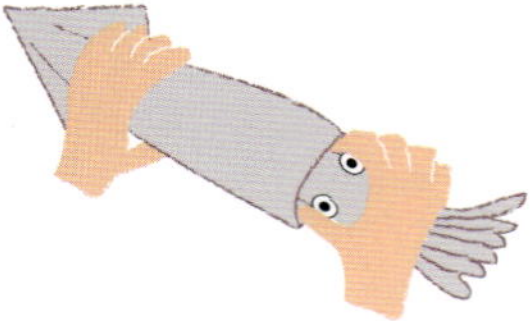

②足を引き抜く

片手で胴を持ち、反対の手で足のつけ根を持って、足を内臓とともにそっと引き抜く。

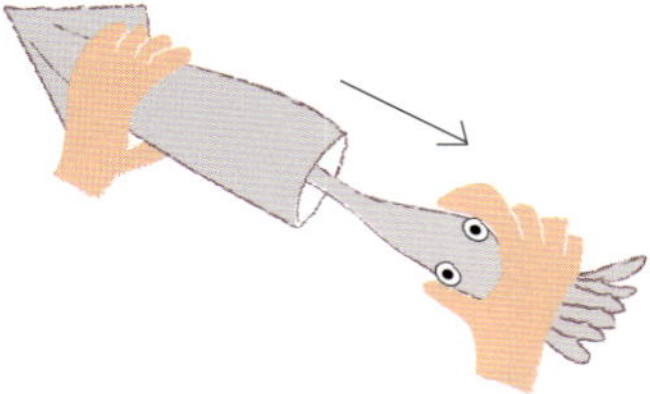

③胴の軟骨を抜く

胴の中に、縦に1本通っている軟骨（プラスチックのような細長い棒）を抜きとる。

→胴を皮ごと焼いたり、煮物にする場合は、このまま洗って切る。

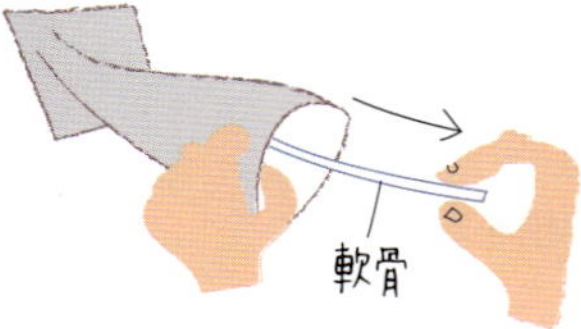

④エンペラをはがす

エンペラと胴の間に指を入れて、つなぎ目をはずす。胴の先端を押さえて、反対の手でエンペラを足のほうに向かって引っぱる。

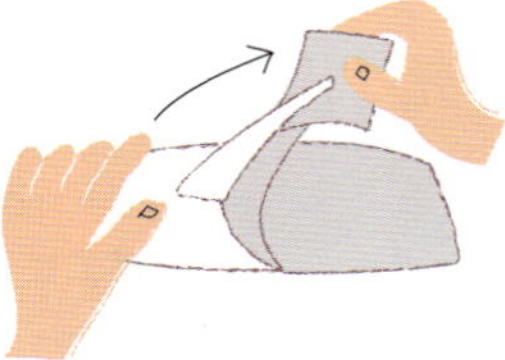

⑤皮をむく

④の切れ目から、皮と身の間に指を入れ、足のほうに向かって皮を引っぱってむく。

→刺し身など、胴を開いて使う場合は、胴の中に包丁を入れて切り開く。

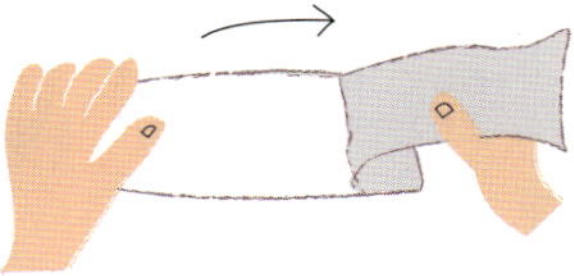

⑥内臓と墨袋を切り離す

内臓に墨袋がくっついたままそっと引っぱり、内臓と目の間のくびれた部分に包丁を入れ、内臓と墨袋を足から切り離す。
→内臓と墨袋はイカ墨ソースや煮物などに、内臓は塩辛などに使える。

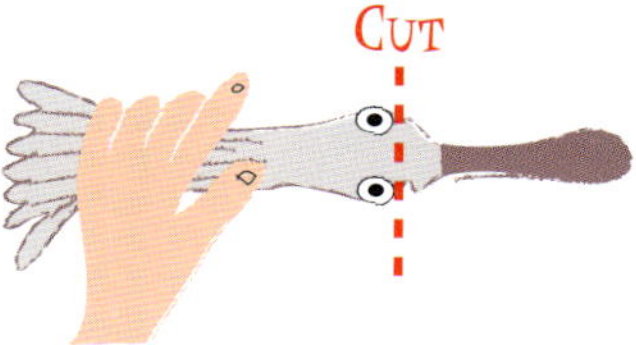

⑦目玉をとる

両目のすぐ下に切り込みを入れ、手で引っ張ってとり除く。または、キッチンバサミや包丁で切り離してもいい。

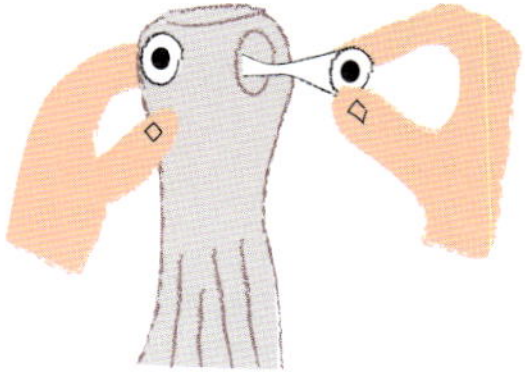

イカの各部位の名前

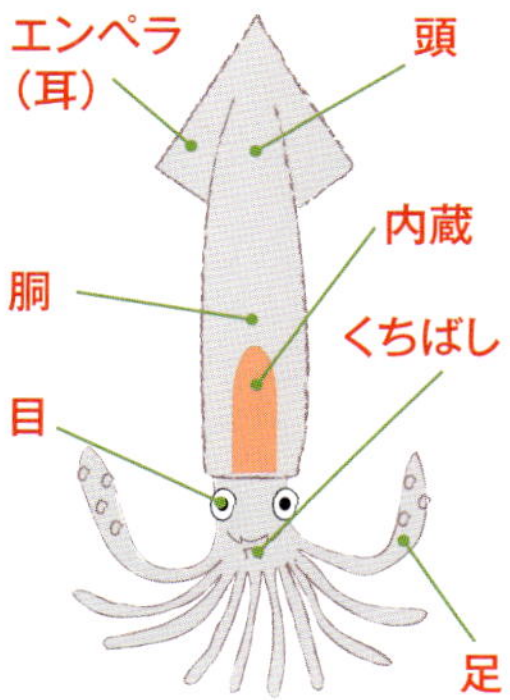

⑧くちばしをとる

足のつけ根にくちばしが埋まっているので、指で押し出してとり除く。足のつけ根に切り込みを入れて開く。
→足は食べやすい長さに切って使う。吸盤をとる場合は塩でもんで落とす。

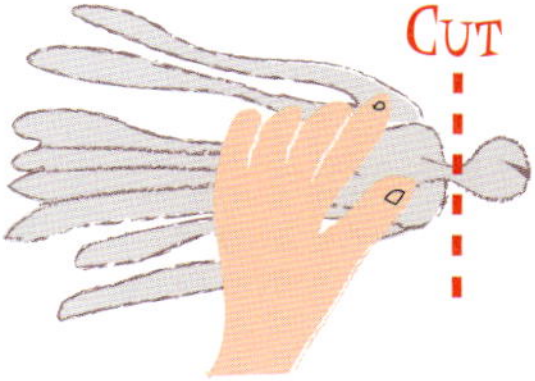

貝類の下ごしらえ

おみそ汁や酒蒸しなどに欠かせないアサリやシジミですが、砂抜きをしないと料理に砂が混じりじゃりじゃりとした料理になってしまいます。

アサリ、ハマグリ、シジミなどの殻つき貝は、砂に埋まっているため、そのまま調理すると砂が残ってしまいます。数時間、塩水または水につけて、砂を吐き出させる**「砂抜き」**をします。アサリやハ

①砂抜きする

アサリやハマグリを、水500mlに対し大さじ1の塩を溶かした海水程度の塩水に入れ、新聞紙などを上にかぶせ、薄暗くして3〜5時間置く。

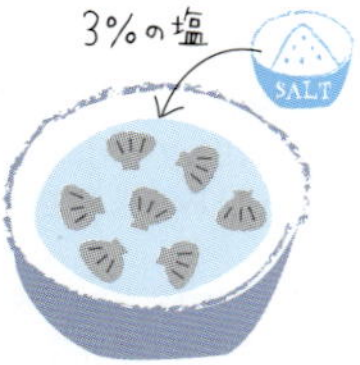

シジミはボウルに入れ、たっぷりの水を注いで、一晩置く。途中で数回水を変えるとよい。

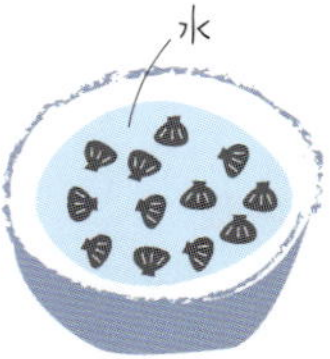

②殻を洗う

砂抜きしたらざるにあげ、水をたっぷり入れたボウルの中で、殻と殻をこすり合わせてよく洗う。

マグリは海水に生息しているので海水程度の塩水に、シジミは淡水域にいるので真水につけます。中の身には砂が入り込んでいないので、殻をはがして身をむいて使う場合は、身を水洗いするだけで大丈夫です。市販されているむき身の場合は、**ふり洗い**しましょう。

むき身の貝を買ってきたら

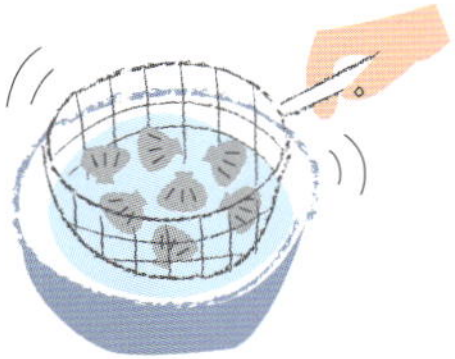

ボウルに3%の塩水（水500mlに塩大さじ1）を作る。ざるにむき身を入れて塩水につけ、ざるを揺すってふり洗いする。その後、水気をよくきる。

牡蠣の汚れが気になるときは

牡蠣には、生ぐさみの原因となるぬめりがあります。大根おろしや片栗粉でもむと、ぬめりや汚れを吸着してとり除いてくれます。

ボウルに牡蠣のむき身と同量ぐらいの大根おろし（または、ひとにぎりの片栗粉）を入れ、両手ですくいあげるようにして牡蠣になじませる。黒ずんできたら、むき身を塩水に移して洗い、水気をきる。

切り身の魚の扱い方

少量で売っていて、さばく必要もない切り身は、とても重宝します。ただし、一尾の魚とは扱いが違うので、注意しましょう。

切り身の魚は、洗うと切り口からうまみが流れ出るので、洗いませんが、切り身の表面にある水気は魚特有のくさみになるので、調理の前に**キッチンペーパーで水気をふきとります。**冷凍保存する場合も、キッチンペーパーで水気をふきとってから、ラップで包み、保存袋などに入れて冷凍します。凍ったまま調理すると、生くささが出やすくなるので、解凍(▼P243)してから焼いたり煮たりしますが、塩鮭や干物などの加工品は冷凍したまま調理できます。

切り身は、うまみが出てしまい、味も落ちるので、洗わないこと。

ペーパータオルで水気をよくふきとる。

魚は10～20分前に塩をふる

塩をふることで、水分と一緒に魚の生くさみを外に出し、また、火にかけたときに表面のたんぱく質が早く固まり、うまみを閉じ込めます。塩は調理する10～20分前にふるといいでしょう。これは、切り身でも一尾でも同じです。

焼き魚などの場合は、魚の重さの約2%（切り身ならひとつまみぐらい）の塩を両面にふり、10～20分おいて、出た水分をキッチンペーパーでよくふきとる。

魚に合った料理を覚えておこう!

白身や赤身など、いろいろな魚がありますが、それぞれに向く料理があります。どんな料理に向くのかがわかると、魚料理のレパートリーも広がります。

アジ　内臓をとって塩焼きや煮つけ。小さいものは南蛮漬けに。背開きにしてフライ。3枚におろしてタタキ、酢じめ、マリネなどに。

サンマ　そのまま塩焼き、内臓をとって筒切りにして煮つけに。3枚におろして、刺し身、酢じめ、マリネなどに。

カレイ　蒸し物、煮つけ、唐揚げなどに。内臓をとった1尾でも、大きなものは切り身でもOK。

ブリ　切り身は照り焼き、塩焼きなどに。あらは大根と一緒に煮つけに。

カツオ　3枚におろして、刺し身、タタキに。切り身はステーキや竜田揚げ、煮つけなどに。

サバ　切り身は塩焼き、みそ煮、竜田揚げなどに。3枚におろして、刺し身やしめ鯖に。

サケ　生サケはソテー、ホイル焼き、鍋や汁物に。塩サケは、焼いたり、混ぜご飯にしたり。

タラ　切り身を鍋や汁物、蒸し物、ムニエル、煮つけ、グラタン、シチューなどに。

肉の下ごしらえ

牛肉、豚肉、鶏肉など、肉にはさまざまな種類があります。料理によって使い分けたり、肉に合わせた下ごしらえをしましょう。

肉は、繊維が束になっているため、おいしく食べるためには、**調理前にたたいたり筋を切ったりする必要があります。**牛肉は、部位によって食感や風味が大きく違うので、料理によって使い分けましょう。豚肉は、部位ごとの違いはあまりありません。牛肉、豚肉ともに下ごしらえは同じで、厚切り肉などの場合は、筋を切り、肉たたきなどでたたきます。鶏肉は、皮つきの場合は皮目をフォークなどで何か所か突いておくことと、ささ身の筋をとることです。

肉をやわらかくする

かたい肉は、すりおろしたリンゴやタマネギをまぶし、30分ほどおくと、やわらかくなる。ほかに、酢や油につけてマリネにしたり、赤ワインやビールなどでじっくりと煮込むのもおすすめ。

牛肉や豚肉の厚切り肉

①筋を切る

ふちが縮んでしまうので、脂肪と赤身の間にある筋を包丁で4~5か所切る。

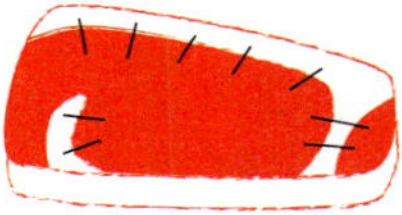

②たたく

肉たたきや麺棒などで全体をたたく。特にステーキなど、短時間で焼くステーキなどは繊維がかたくなりやすいので、調理前にたたくとよい。

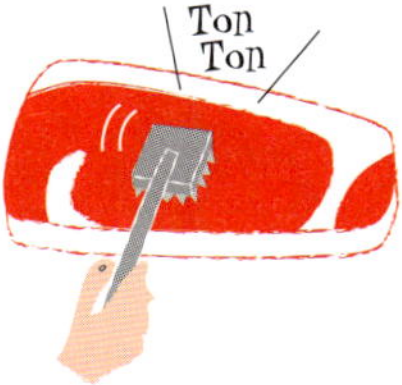

肉は調理の直前に塩をふる

肉は、魚のようにくさみを出す必要がなく、また、塩をして長くおくと身がしまってかたくなってしまい、うまみも出てしまうので、調理直前にふるようにする。

焼く直前や煮る直前に、塩、コショウをふる。胸ぐらいの高い位置から塩をふると、まんべんなく全体に塩がかかる。

鶏ささ身の筋のとり方

①端に切り込みを入れる

ささ身の太い側の端に、かたく白い筋があるので、そこに包丁の先で切り込みを入れる。

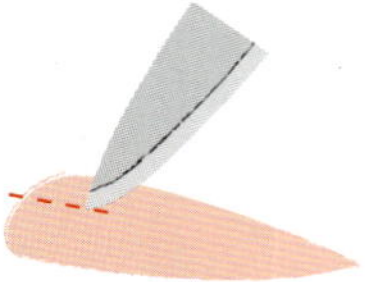

②筋を手で押さえる

ささ身を裏返して筋を下に向け、白い筋を親指でしっかりとまな板に押しつける。

③包丁でしごく

包丁の刃を筋に当て、まな板をこするようにして包丁で肉を押すと、筋だけが残るのでとれる。

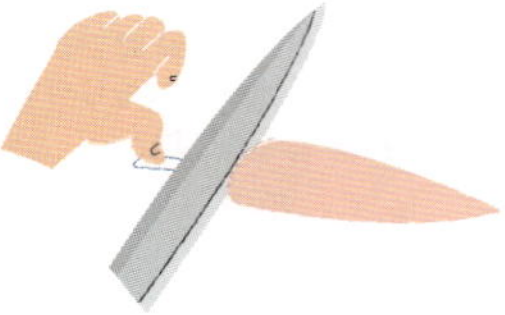

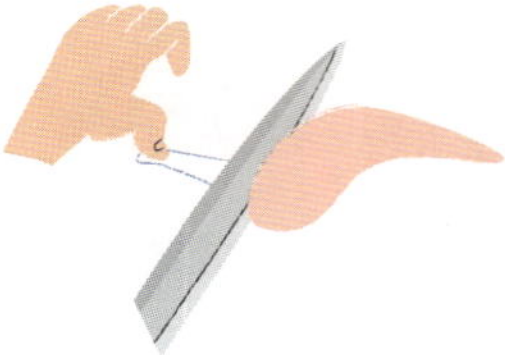

肉の部位に合う料理を覚えておこう!

肉は、部位によって、かたい・やわらかい、脂肪が多い・少ないなど、違いがあります。上手に使い分けると、よりおいしい料理ができます。

鶏肉

1→胸…蒸し物、煮物、揚げ物、ソテー、かつなど。
2→ささ身…刺し身、あえ物、サラダなど。
3→手羽…揚げ物、煮込み料理など。
4→もも…ほとんどの料理に。

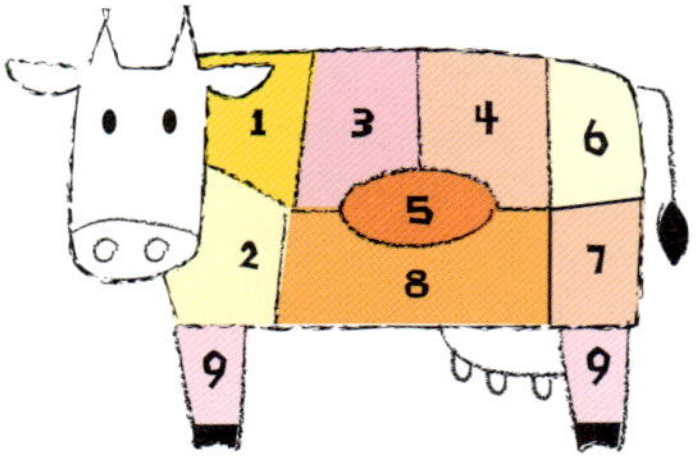

牛肉

1→肩ロース…ステーキ、すきやき、焼肉、シチュー、カレーなど。
2→肩…シチューやカレーなどの煮込み料理。
3→リブロース…ステーキ、ローストビーフ、すきやき、しゃぶしゃぶなど。
4→サーロイン…ステーキ、網焼きなど。
5→ヒレ…ステーキ、カツレツ、バター焼きなど。
6→ランプ…ステーキ、ローストビーフ、すきやき、しゃぶしゃぶなど。
7→もも…煮込み料理、炒め物、焼肉など。
8→バラ…焼肉、煮込み料理など。
9→すね…煮込み料理、スープストックなどに。

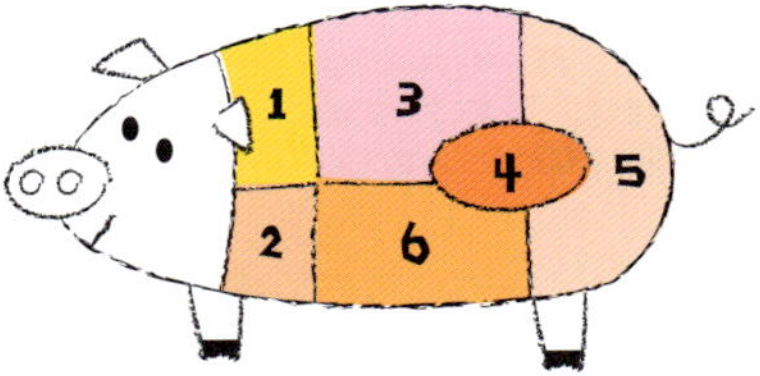

豚肉

1→肩ロース…ソテー、ロースト、焼き豚、しょうが焼きなど。
2→肩…シチューやカレーなどの煮込み料理、炒め物、汁物など。
3→ロース…ソテー、とんかつ、しょうが焼き、ゆで豚、煮豚など。
4→ヒレ…とんかつ、網焼き、ソテーなど。
5→もも…煮込み料理、焼き豚、酢豚、ソテーなど。
6→バラ…煮込み料理、炒め物、串かつなど。

食材をゆでる

単純な「ゆでる」という作業ですが、水から入れるか、お湯に入れるかなど、ちょっとしたやり方があります。

野菜をゆでる

沸騰したお湯に入れる

沸騰した湯でゆでる野菜は、地面の上にできる実野菜や葉野菜です。ただし、かぼちゃやとうもろこしなどは、地上にできる野菜ですが、水からゆでます。

ほうれん草

ブロッコリー

絹さや

など

アスパラガス

①ゆでる

沸騰した湯に、根元や芯などのかたい部分から先に入れ、少ししたら全部入れる。ゆで時間はほとんどが数分。野菜によって、湯に塩や酢などを少々加えると色がきれいになる。

緑のもの
塩を入れると、きれいな緑色にゆであがる。

白いもの
酢かレモン汁を加えると、より白く仕上がる。

②さます

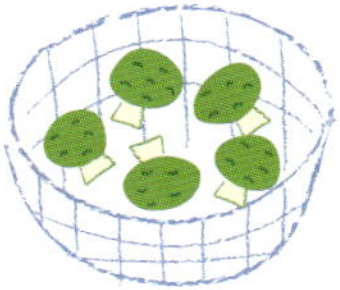

ざるにあげる

ブロッコリーやアスパラガス、キャベツなどは、水にさらすとべしゃっと水っぽくなるので、ざるにあげてそのまま冷ます。

水にさらす

ほうれん草、春菊などのアクが強い野菜や、鮮やかな色を残したいときは、流水にさらし、その後、水気をしぼる。

水に入れてゆでる

土の中にできる根菜類は、かたい野菜なので、水から入れてゆでます。また、かぼちゃやとうもろこしなどのデンプン質の多い野菜も水からゆでます。

じゃがいも

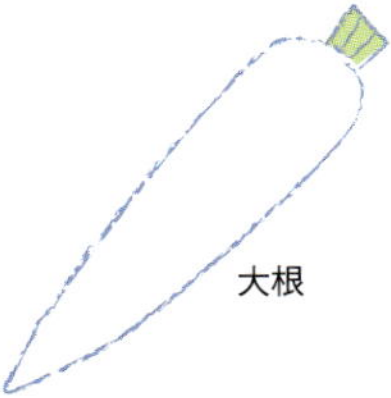

大根

れんこん

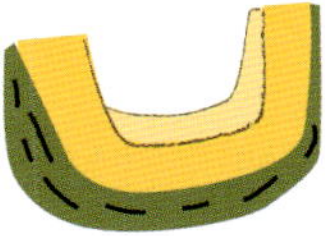

かぼちゃ

とうもろこし

など

①ゆでる

鍋に、野菜とたっぷりの水を入れ、強火にかける。野菜によってゆで時間は違う。アク抜きのためにゆでる場合は、アクを吸着するものを入れる場合も。

大根

アク抜きのために、ひとつかみの米を入れてゆでるか、米のとぎ汁でゆでる。

白いもの

ごぼうやれんこんなどは、酢を入れると白く仕上がる。

②ざるにあげる

水からゆでる野菜は、ざるにあげて冷ます。マッシュする場合は、冷めるとつぶしにくくなるので熱いうちにつぶす。

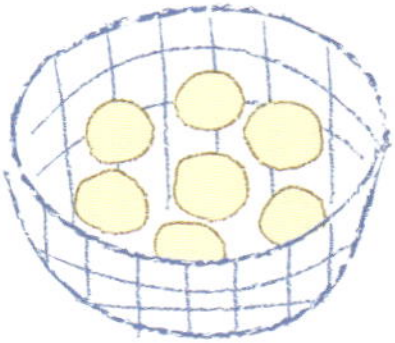

肉や魚を霜降りにする

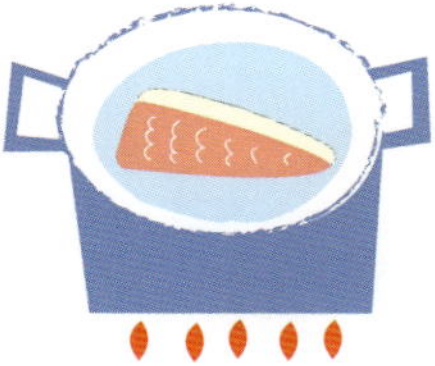

肉の煮込みや煮魚、アラ煮などは、調理する前にさっとゆでて表面を加熱しておく。こうすることで、生くささやアクが抜け、うまみも閉じ込められます。

熱湯に入れて、まわりが白くなったら、すぐに引き上げる。ざるにあげ、キッチンペーパーでふく。アラは、流水にとってぬめりや汚れを洗う。

湯引き・熱湯をまわしかける

湯に入れるのではなく、湯をかけること。肉や魚は、生くさみをとり除くとともに、表面をかためるために、油揚げなどは余分な油を抜くために行います。

斜めにしたまな板、または盆ざるにのせ、沸かした湯を全体にかける。キッチンペーパーを上にかぶせると、まんべんなく湯がまわる。

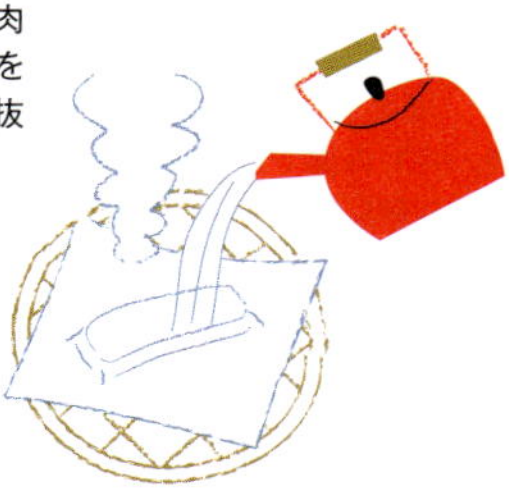

卵をゆでる

簡単なゆで卵ですが、ゆで時間によって中の状態が違ってきます。ゆで時間を覚えておくと、好みのゆで卵ができます。

鍋に水と卵を入れて強火にかける。黄身が真ん中にくるように菜箸で卵をまわす。沸騰したら弱火にする。

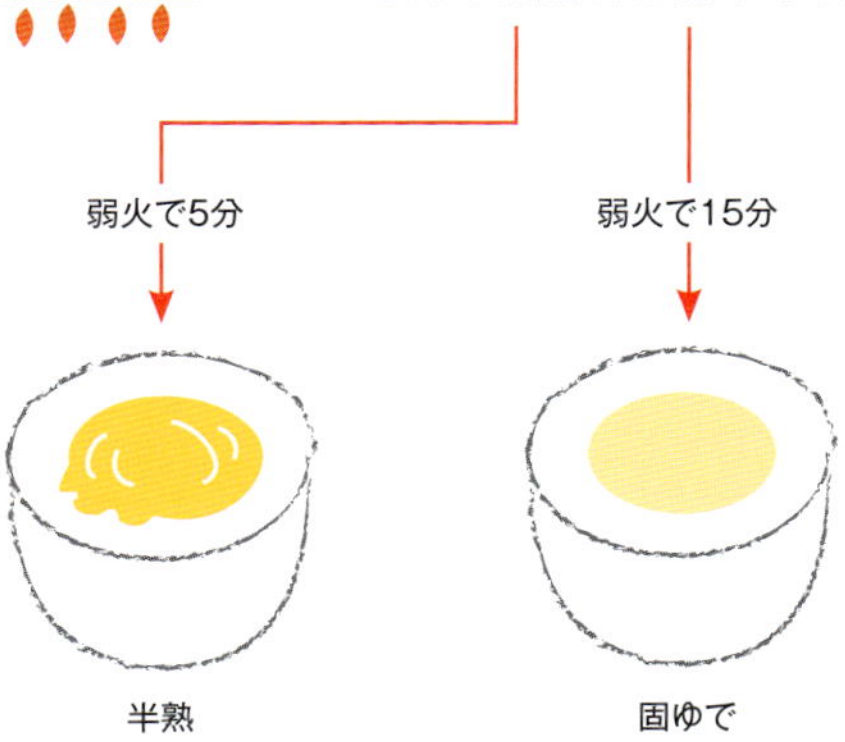

「ゆでる」に関する言葉あれこれ

ゆでる

たっぷりの湯で、材料を加熱すること。アクを抜く、くさみを抜く、余分な油を抜く、やわらかくするなどのために行う。同じ「ゆでる」でも、目的や方法によって、いろいろな言葉がある。

ゆがく

「ゆでる」より短い時間で加熱すること。「さっとゆでる」と、ほぼ同じ意味合い。

さっとゆでる

「ゆがく」とほぼ同じで、ごく短時間でゆでて、歯ごたえを残す。

湯にくぐらせる

鍋に湯を沸かし、材料を湯の中に入れてすぐにとり出すこと。油揚げの油抜きや魚のくさみ抜きなどに使われる。「湯通し」も同じ意味。

ゆでこぼす

材料をゆでて、ゆでた湯だけを捨てること。アクのないものに使われ、ゆでこぼした後、同じ鍋で、だし汁で煮たり調味したりできる。

めんをゆでる

うどんやそば、パスタなどのめん類は、何かと出番の多いメニューです。めんは種類によって微妙にゆで方が違うので、しっかりマスターしましょう。

パスタをゆでる

①たっぷりのお湯に多めの塩

大きめの鍋にたっぷりのお湯を沸かし、塩を加える。塩は、パスタに味をつけるとともに、うま味を引き出し、歯ごたえをよくする。ここで塩を入れないと、でき上がりがぼやけたパスタになる。

塩の量は、湯１ℓに対し10gが目安。

②パスタを入れる

お湯が沸騰したら、パスタを広げて入れ、めん同士やめんが鍋底にくっつかないように、菜箸でかき混ぜる。強火のままで、ふきこぼれるようなら火を弱める。

③ゆで加減をチェック

袋の表示時間より1〜2分ほど前に1本とり出して、ゆで加減を確認する。少し固めのちょうどよいゆで加減（アルデンテ）になったら、パスタを引きあげる。パスタのゆで汁はソースに少量加えるとおいしくなるので、少しとりおく。

ゆで加減はソースに合わせて調整

パスタをソースと合わせて炒める場合は、さらに加熱されるので、袋の表示時間の1分前が引き上げる目安。

パスタにソースをかけるだけ、またはあえるだけの場合は、加熱されないので、袋の表示時間通りが引き上げる目安。

乾めんをゆでる

①たっぷりのお湯にめんを入れる

大きめの鍋にたっぷりの湯を沸かし、乾めんを広げて入れる。

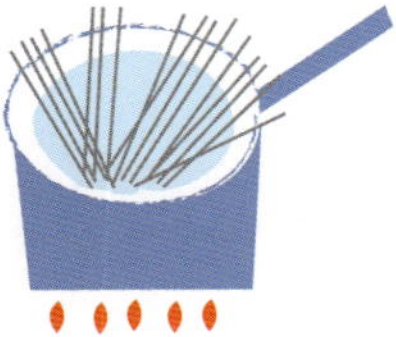

②かき混ぜる入れる

めん同士やめんが鍋底にくっつかないように、菜箸でかき混ぜる。強火でいいが、ふきこぼれるようなら火を弱める。コップ1杯の水を加えて、ふきこぼれを防いでもよい（これを「差し水」という）。

③ざるにあげる

袋の表示時間より1～2分ほど前に1本とり出して、ゆで加減を確認する。ゆであがっていれば、ざるにあげて湯をきる。

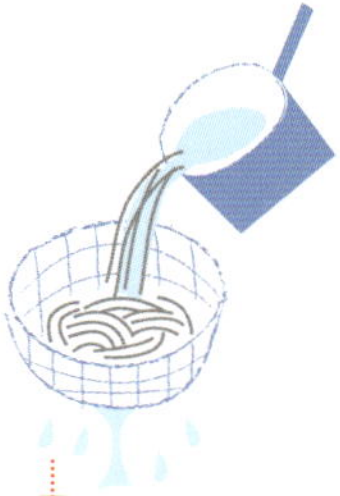

うどんなど温かいもの
そのまま丼などへ入れるか、だし汁に加える。

そうめんなどの冷たいもの
流水でもみ洗いして、水気をきる。

生めんをゆでる

①めんをほぐす

まわりに粉がまぶしてあるので、手でほぐして余分な粉を落とす。

②たっぷりの湯に入れ、かき混ぜる

大きめの鍋にたっぷりの湯を沸かし、生めんを広げて入れる。菜箸でかき混ぜながらゆで、ふきこぼれるようなら火を弱めるか、差し水をする。

③ざるにあげる

袋の表示時間より1～2分ほど前に1本とり出して、ゆで加減を確認する。ゆであがっていれば、ざるにあげて湯をきる。

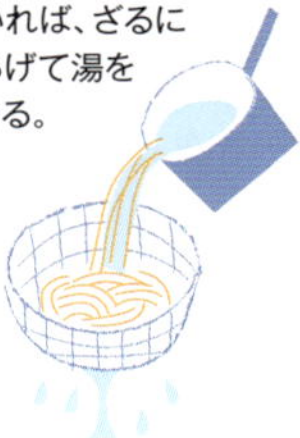

Cooking Column

香味野菜・薬味

料理に添えて、風味をつけたり、ピリッと引き締めたり、
いろどりとしても使える香味野菜や薬味。
料理の味を引き立てて食欲をそそるだけでなく、栄養も豊富。
上手に使って、おいしくいただきましょう。

小ねぎ

細ねぎ、万能ねぎなどとも呼ばれ、あさつきやわけぎと同じように細かくきざんで使う。長ねぎよりも辛みが穏やか。

しょうが

刺し身、鍋物、焼き物、冷や奴には皮をむいて、すりおろして使う。肉や魚料理には、細くせん切りにした「針しょうが」にして。みじん切りやしぼり汁を炒め物や合わせ調味料に加えて使うことも。

しそ

薬味に使われるのは大葉と呼ばれる青じそ。そのまま刺し身のつまにしたり、きざむと香りが増すので、冷や奴や、そうめん、寿司などに。

長ねぎ

めん類や鍋のつけ汁、汁ものなどの薬味やあしらいに使うほか、香味野菜として、スープ、炒め物、鍋などに風味を添える。肉や魚の臭いを消す役割もある。

みょうが

独特の香りとほのかな辛みがある。細く切って水にさらしてから、めん類や鍋物の薬味、サラダや汁ものなどに。

柑橘類

ゆずは果汁のほか、皮をすりおろしたり、きざんで使う。カボス、すだちはゆずの仲間。ひとまわり大きい方がカボスで、酸味がまろやか。レモンはスライスしたり、ゆずと同じように使う。

第4章
Chapter 4
おいしくておしゃれな「基本の料理」

毎日食べる毎日の食事。
家庭料理の基本は、
むずかしい技を身につけることではなくて、
食材をムダなく使って
おいしく食べようと考えること。
できれば、見た目もおしゃれに。
おなかだけでなく、
食べる人のこころも
満腹になるでしょう。

だしの基本

料理にうま味を添える「**だし**」。和・洋・中、それぞれにだしがあります。和のだしは、昆布、かつお節、煮干しなどの乾物を使って煮出したもの。洋風だしはスープストックともいわれ、牛肉や鶏肉と骨、香味野菜を煮込んだもの。中華のだしは、豚肉や鶏肉を香味野菜とともに煮込んだもの。それぞれの料理のベースとなるものです。

味噌と具だけでは、おいしいおみそ汁はできません。
「うま味」を持つ「だし」が重要なポイント。

だしのいろいろ

和風だし
しいたけ
にぼし
かつお節
こんぶ

洋風だし
ビーフ
チキン
トマト
玉ねぎ
にんじん
ブーケガルニ

中華だし
ポーク
チキン
しょうが
長ネギ
香辛料

和のだし

だしは煮物や汁ものの調理にかかせないもの。和のだしのとり方は、意外と簡単です。自分で作るうちに、**昆布やかつお節、煮干しのだし**の違いがわかるようになれば、料理上手の第1歩です。

一番だし

最初にとっただし。昆布とかつお節のうま味をさっと引き出したもの。**お吸い物に最適。**

二番だし

一番だしのだしがらをゆっくり弱火で煮出し、うま味をさらに引き出したもの。**みそ汁や煮物に。**

だしをとるコツ

昆布は水にしばらくつけ、うま味を引き出します。沸騰させると、ぬめりやにおいが出てくるので、沸騰直前にとり出します。**かつお節は煮出してしまうと、魚の生臭みや苦みが出るので、煮立ったらすぐに火をとめること。**二番だしでは濃いだしをとるために、かつお節を足して(追いがつお)煮出すことも。煮物やみそ汁は調味料を加えるので、かつお節を軽くしぼってもOK。だしがらは、砂糖、しょうゆ、みりんで煮るとおいしい佃煮に。

何にでも使える 昆布とかつお節のだし

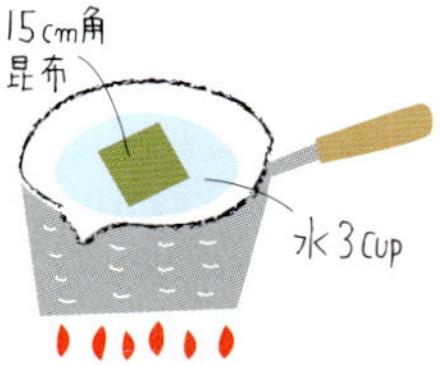

①
鍋に水と昆布を入れ、30分以上おく。

②
沸騰する直前に昆布をとり出し、火を弱めてかつお節30gを入れ、沸騰したら火をとめる。

③
かつお節が沈んだら、静かにこす。

わかめと豆腐のみそ汁

調理時間:15分
1人分:44kcal

【材料:2人分】

だし汁……………300ml
豆腐………………1/6丁
わかめ……………10g
（戻したもの）
味噌………………大さじ1と1/2

【作り方】

1　だし汁を鍋に入れ温める。わかめは洗ってぬるま湯につけて戻し、ざく切りにする。豆腐はさいの目に切る。

2　だし汁が煮立つ手前で、味噌をとき入れる。

3　わかめと豆腐を入れ、豆腐が浮いてきたら火をとめる。

みそ汁の具の組み合わせのコツ

彩りと味のバランスを考えて、具だくさんに！

動物性　＋　植物性
白いもの　＋　青みのもの
浮くもの　＋　沈むもの

相性の良い具

飽きずに毎日食べられる組み合わせ

大根　＋　油揚げ
かぼちゃ　＋　さやいんげん
厚揚げ　＋　長ねぎ
じゃがいも　＋　わかめ
豆腐　＋　なめこ

ポイント

わかめ、豆腐ともすぐに火が通るので、先に味噌を入れます。沸騰させて味噌の香りがとばないよう火加減に注意しましょう。

わかめと豆腐のみそ汁

人気ナンバーワンのみそ汁。
地域や年代を問わず支持されている家庭の定番です。
シンプルだから、だしと素材の味が生きます。

☑ 煮干しのだしのとり方

煮干しのだしはコクがあるので、みそ汁や大根、青菜などの野菜の煮物によく合います。
煮干しは背が黒く腹はきれいな銀白色で、「へ」の字に曲がったものが良品。頭や内臓がついていると、だしが濁ったり、苦みが出るのでとり除いて使います。
煮干しは酸化しやすいので、頭と内臓とりをまとめて処理して、ポリ袋などで密閉して冷凍保存しておくと良いでしょう。

【材料】

煮干し…………20g
水………………600ml

【作り方】

1　煮干しの頭と内臓を手でちぎってとる。大きいものは縦2つに裂く。

2　鍋に煮干しと水を入れてしばらくおく。時間があれば一晩水につけておくと、うま味が出る。

3　つけ汁ごと中火にかけて、煮立ったら火を弱め、こまめにアクをとりながら約10分煮る。火をとめて煮干しが沈んだら、ざるでこす。

すまし汁

調理時間:20分
1人分:20kcal

【材料:2人分】

鶏ささ身……1/2本
片栗粉……少々
だし汁（かつおだし）
……300ml
塩……小さじ1/3
しょうゆ……小さじ1/2
三つ葉……適量
ゆずの皮……少量

【作り方】

1　鶏ささ身はひと口大のそぎ切りにして塩、酒（各分量外）をふり、片栗粉をまぶしてゆでておく。三つ葉は根を切り、茎の部分のみを熱湯につけてやわらかくして結ぶ（結び三つ葉）。

2　だし汁を鍋に入れ温め、塩としょうゆで味をととのえる。

3　盛りつけて三つ葉とゆずの皮を入れる。

碗だね

ささ身やかまぼこ、豆腐や麩などの淡白なものに、あさつきやきのこなどで香りを添えます。

相性の良い具

ハマグリのおすましは、昆布とともに水から入れて火にかける。口が開いたら貝をお碗に移し、残っただしのアクをとって味つけします。

ポイント

香り高く、澄んだ上品なだしが決め手です。「塩梅（あんばい）」というように塩加減が大事。味見をしながら少しずつ加え、しょうゆは香りづけに最後に加えます。

けんちん汁

調理時間:30分
1人分:119kcal

【材料:2人分】

豆腐……………1/4丁
ごぼう…………10cm
大根……………2cm
にんじん………3cm
こんにゃく……1/4枚
しいたけ………1枚
里芋……………小2個
ごま油…………小さじ2
だし汁…………2カップ
しょうゆ………大さじ1
塩………………少々
酒………………小さじ1
みりん…………小さじ1
万能ねぎ………適量

ポイント

煮込む際は火を弱め、アクをこまめにとりましょう。

【作り方】

1　豆腐はふきんに包んで水切りし、さいの目に切る。ごぼうはタワシでよく洗い、ささがきにして水につけ、アクを抜く。大根とにんじんは皮をむいていちょう切りに、しいたけは軸をとり、4つ切りにする。里芋は皮をむいて輪切りにし、塩でもんでぬめりをさっと洗い落とす。こんにゃくはひと口大にちぎりさっとゆでる。万能ねぎは小口切りにする。

2　鍋にごま油を熱してごぼうを炒め、こんにゃく、残りの野菜を加えてよく炒め、豆腐とだし汁を加え、野菜がやわらかくなるまで煮る。

3　調味料を加えて味をととのえ、火をとめる。盛りつけて万能ねぎを散らす。

すまし汁
あらたまった席に出される
お吸い物は、澄んだだし汁
が特徴。
けんちん汁
具だくさんで根菜たっぷ
り。すまし仕立てと味噌仕
立てがあります。

調味料①

基本の調味料は、料理の味を決める大切なもの。いろいろな料理のベースとなるので、ひと通りそろえておくとよいでしょう。

砂糖

甘みをつけ、料理にコクを出したり、うま味を引き出す。上白糖、三温糖のほか、お菓子作りによく使われるグラニュー糖、粉砂糖、果実酒作りに使う氷砂糖などがある。

塩

塩化ナトリウムの純度が99%以上の食塩、食卓塩、精製塩などのほか、産地や精製法により、さまざまな種類がある。粒子の粗い粗塩は化粧塩に。

コショウ

ピリッとした刺激のある香辛料。ほのかな香りが上品な白コショウ。辛みや香りが強い黒コショウなど。粗びき、粒コショウなどの種類がある。

酒

清酒と料理酒があり、料理酒には加塩タイプと無塩タイプがある。

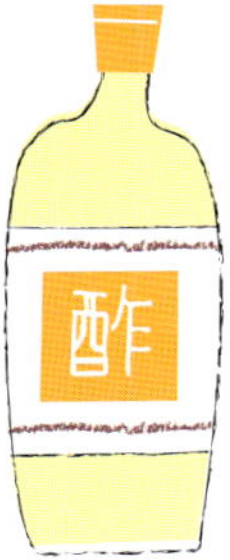

酢

穀物酢、米酢などがある。穀物酢は小麦、米、とうもろこしなどを調合して作られ、米酢は米が原料。米のみで作られたものは純米酢といい、酸味がまろやか。

みりん

料理に甘みや照りを出すため、かくし味として少量使う。本みりんと、みりん風調味料がある。

味噌

白味噌、赤味噌などの他に、産地や原料により、麦味噌、八丁味噌や仙台味噌など、いろいろな種類がある。好みの味噌を混ぜ、合わせ味噌にして使ってもよい。

しょうゆ

濃い口と薄口がある。普通の煮物や卓上に使われているのは濃い口しょうゆ。薄口しょうゆは関西風の味つけや、お吸い物などを上品に仕上げたいときに。色が薄いわりに塩分は多い。

Cooking Column

さしすせそ の話

煮物などの料理に味をつけていくときに、調味料を入れる順番。
甘みをしみ込ませてから、それぞれの味を加減して加えていくことで
おいしく仕上がります。

さ　砂糖・酒
砂糖の分子は塩の約6倍。分子の小さい塩の方が先にしみ込んでしまうと，材料の繊維を引きしめて、砂糖がしみ込むのを妨げてしまいます。砂糖は必ず塩よりも先に。酒やみりんもここに含まれます。

し　塩
塩はすばやく素材に入り込み、素材の繊維をしめる働きがあるのでほかの味がしみ込みにくくなります。全体の味に大きく影響するので、入れすぎに注意。

す　酢
酢は塩味をまろやかにする働きがあります。加熱しすぎると主成分の酢酸が蒸発して香りが損なわれます。

せ　しょうゆ
昔の仮名遣いで「せうゆ」。うま味や香りをつけ、風味を引き立てる働きがあるので、あとから入れます。

そ　味噌
味噌は沸騰させたり、長時間加熱すると香りが失われるので調味料の中では一番最後に入れます。

煮る

鍋でコトコト煮るだけで、ごちそうになったり、ごはんがすすむお惣菜になったり。煮物で失敗しないための、ちょっとしたコツをおぼえておきましょう。

火加減が決め手

グラグラ煮立つか、コトコト煮えるかで、おいしさが違ってきます。煮汁が沸騰するまでは強火で、そのあとは中火か弱火で煮ます。長時間煮込むものは煮汁が静かに煮立つくらいの「とろ火」でじっくりと味をしみ込ませます。

「かぶるくらい」と「ひたひた」

材料や目的によって違う水加減。めんをゆでたり、青菜などをさっとゆでるときはたっぷりの湯で❶。芋類など

❶たっぷり

の材料にしっかりと火を通したいときは、かぶるくらいに❷。野菜のうま味を逃がしたくないときにはひたひた❸の量で。

❷かぶるくらい

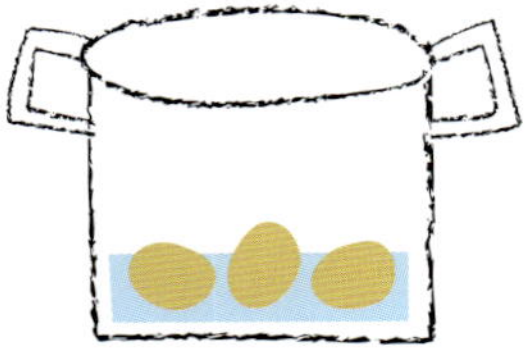
❸ひたひた

煮くずれを防ぐ

火が通ってから混ぜると煮くずれしやすいので、**やたらとかき混ぜないように**。根菜などは、鍋をゆすって材料の上下を入れ替え、煮汁を全体にまわします❹。面とりや、隠し包丁（▼P87）をしておくと、煮くずれの防止になり、味もよくしみ込みます。

落とし蓋

煮汁が少なめの煮物や味をしみ込ませたいときは、鍋よりひとまわり小さい蓋をかぶせて「**落とし蓋**」⑤にすると煮くずれしにくく、煮汁が均等に行きわたります。アルミホイルで代用するときは、材料に直接ふれるようにかぶせるのがポイント⑥。

④

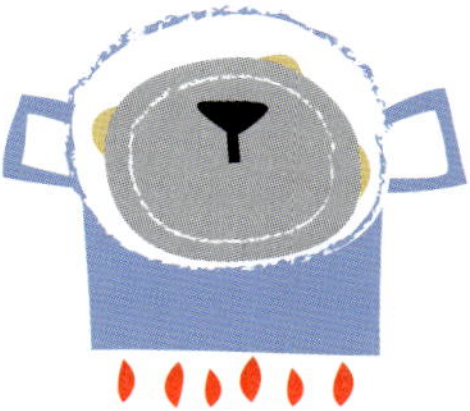

⑤

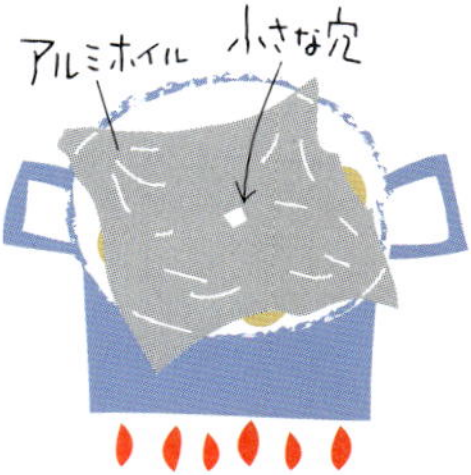

⑥

高野豆腐の含め煮

調理時間:30分
1人分:171kcal

【材料:2人分】

高野豆腐……… 大2枚
絹さや………… 4枚
A
・だし汁 ……… 1と1/2カップ
・砂糖 ………… 大さじ2
・みりん ……… 大さじ1
・薄口しょうゆ … 大さじ1
・塩 …………… 少々

【作り方】

1 大きめのボウルに半分に切った高野豆腐を入れ、ぬるま湯をたっぷり注ぐ。高野豆腐がお湯をたっぷり吸い込み大きく膨らんだら、お湯を捨て、流水で水が濁らなくなるまで押し洗いし、水気をしぼってひと口大に切る。

2 絹さやは筋をとり、塩ゆでしておく。

3 煮立たせたAに1を入れ、落とし蓋をして弱火で10分ほど煮含める。火をとめてしばらくおき味をなじませる。器に盛り塩ゆでしておいた絹さやをあしらう。

上:
高野豆腐の含め煮

下:
里芋の煮ころがし

里芋の煮ころがし

調理時間:35分
1人分:172kcal

【材料:2人分】

里芋……………400g
だし汁…………2カップ
A
·砂糖…………大さじ2
·みりん………大さじ1
·しょうゆ………大さじ2

【作り方】

1　里芋はたわしで泥を洗い落とし、水気をふいて上下を切り落とし皮を縦にむく。ボウルに入れ、塩（分量外）でよくもみ、ぬめりを洗い流す。

2　鍋に里芋と、かぶるくらいの水を入れて火にかけ、約10分下ゆでする。ゆで汁をこぼし、ぬめりを洗い流す。

3　鍋にだし汁とAを入れ強火にかけ、煮立ったら中火にして落とし蓋をし、時々鍋をゆすりながらやわらかくなるまで煮る。煮汁が少なくなってきたら落とし蓋をはずし、鍋をゆすって煮汁をからめながら汁気をとばす。

含め煮のアレンジ

かぼちゃの含め煮

かぼちゃ1/6～1/4個（200～300g）の種をとって皮をところどころむき、ひと口大に切って面とりし、「含め煮」の作り方3のように煮る。

里芋の含め煮

里芋の下ごしらえは「煮ころがし」の1～2と同じ。「含め煮」の作り方3から同様に煮含める。

ふろふき大根

調理時間:60分
1人分:72kcal

【材料:2人分】

大根…………… 12cm
(米のとぎ汁　適量)
A:大根の煮汁
・水 …………… 1カップ
・昆布 ………… 10cm角
・薄口しょうゆ … 小さじ1
ゆず味噌……… (▶P139)

【作り方】

1　大根は3cmの輪切りにして皮を厚めにむき、片側に十文字の隠し包丁を入れる。たっぷりの米のとぎ汁(または水に米を少し入れたもの)で、竹串がすっと通るくらいまでゆで、ていねいに洗う。

2　鍋に昆布を敷いてAを加え、さらにやわらかくなるまで煮る。

3　器に大根を盛り、ゆず味噌をかける。

下ゆでしてから洗うのは…

表面についたぬめりを洗い流すことで、しっかりアク抜きができます。

ポイント

たっぷりの米のとぎ汁で下ゆでをすると、白く、芯までやわらかくなり、だしがよくしみ込みます。

練り味噌バリエーション

地域や家庭により、味噌ダレにもいろいろあります。黒ゴマ、八丁味噌、肉味噌、田楽味噌など。

Cooking Column　料理をおいしく見せるあしらい

盛りつけた料理の見た目や味を引き立てるために、添えるもののことを「あしらい」といいます。季節をとりいれたり、センスよくいろどりを配色したり、香りを引き立てるなど、料理の仕上げとなるひと手間です。

刺し身のつま

刺し身に添えるもの。厳密には木の芽、穂じそ、紅たで、海藻などの「つま」、大根やきゅうりなどをせん切りにした「けん」、わさびやしょうがなどの「辛み」の3種があります。

天盛り

酢の物やあえ物、煮物などに、いろどりを添えたり、香りを引き立てるためにのせるもの。木の芽やゆずなど、季節をあらわす効果や「まだ誰も手をつけていません」という意味もあります。

天盛りいろいろ

- きざみ海苔
- 青ねぎ
- 削りがつお
- 白髪ねぎ
- 大葉
- 針しょうが
- ゆず
- カイワレ大根
- みょうが

青み

器にいろどりを加えておいしく見せる演出。茶色の多い煮物などに。

ひねりごま

香りの演出がひねりごま。炒りごまを指先でひねってつぶし、料理にふりかけます。青菜のおひたしやきんぴらなどに。

合わせ調味料

酢の物や、タレ、めんつゆなど、料理にはきまった味があります。定番の合わせ調味料をマスターしておけば、材料の組み合わせを替えるだけで、手早くできてお料理上手！

合わせ酢

二杯酢

さっぱりした酸味で魚介類の酢の物に。

酢…………………大さじ2
しょうゆ　………大さじ1
みりん　…………小さじ1
だし汁　…………大さじ1

三杯酢

まろやかで、ひかえめな甘みがあり、どんな材料にも合う。

酢…………………大さじ2
砂糖………………大さじ1
塩…………………小さじ1弱
うす口しょうゆ
　………………少々
だし汁　…………大さじ1

甘酢

甘みを生かしてエビ、カニ、貝類などに。

酢…………………大さじ2
砂糖………………大さじ1と1/2
塩…………………大さじ1/2弱
だし汁　…………大さじ1

ぽん酢

ゆず、すだち、かぼす、だいだい、レモンなどの柑橘類でさっぱりと。

柑橘類のしぼり汁 … 大さじ4
しょうゆ ……… 大さじ4
だし汁 ……… 大さじ4

土佐酢

鰹節のだしをきかせて、魚介類と。

三杯酢の材料
削りかつお …… 3g
みりん ……… 大さじ1/2
水 ……… 大さじ2

材料を弱火で煮立ててからこす。

わさび酢・からし酢

わさび酢は鶏肉や貝類に、からし酢は野菜に合わせて。

三杯酢にわさび、またはからしを適量混ぜる。

和風ソース

ごまダレ

しゃぶしゃぶなどに。混ぜるだけ。

練りごま ……… 大さじ4
しょうゆ ……… 大さじ3
みりん ……… 大さじ3
砂糖 ……… 小さじ1
酢 ……… 大さじ2
だし汁 ……… 大さじ1
おろしにんにく … 小さじ1
おろししょうが … 小さじ2

ゆず味噌

ふろふき大根や田楽などに。

白味噌 ……… 100g
砂糖 ……… 大さじ3
みりん ……… 大さじ3
だし汁 ……… 大さじ3
ゆずの皮のすりおろし
……… 1個分

調味料を弱火で煮てつやが出たらゆずの皮を加える。

タレ

先にタレを作っておくと、調理が手早くすすみます。忙しいときにも大活躍!

すき焼き

○関東風：割りした

しょうゆ ……… 1/2カップ
みりん ………… 1/2カップ
砂糖…………… 大さじ2

小鍋に材料を入れてひと煮立ちさせる。

○関西風

砂糖としょうゆを同量。砂糖としょうゆで調味しながらいただく。

照り焼き（焼き鳥など）

しょうゆ ……… 大さじ4
みりん ………… 大さじ4
砂糖…………… 小さじ2

小鍋に材料を入れて弱火で2/3に煮詰める。

焼肉のタレ（漬けダレ）

しょうゆ ……… 大さじ3と1/2
砂糖…………… 大さじ3
みりん ………… 小さじ1/2
酒……………… 小さじ1
おろしにんにく … 小さじ1
ごま油 ………… 小さじ1
コショウ ……… 少々
すりごま（白） … 小さじ1
ねぎのみじん切り
……………… 大さじ1

しょうゆ、砂糖、みりん、酒を煮立てて他の材料を混ぜる。

焼肉のタレ（漬けダレ：塩）

塩……………… 小さじ1/2
コショウ ……… 少々
ごま油 ………… 大さじ1
おろしにんにく
……………… 小さじ1/2
レモン汁 ……… 少々
ねぎのみじん切り
……………… 大さじ1

混ぜるだけ。タン塩などに。

めんつゆ

基本のめんつゆ。だしをきかせて手作りすると、おいしさが違う!

つけ汁(めんつゆ)

そうめん、うどんなど

だし昆布 ……… 10cm
水 ………………… 1/2カップ
削りかつお …… 1カップ
しょうゆ ……… 1/2カップ
みりん ………… 1/2カップ

鍋に水と昆布を入れて30分おく。火にかけて沸騰したら、削りかつおと調味料を加えて中火で5～6分煮てふきんでこす。

かけ汁

かけそばなど

つけ汁 ………… 1と1/2カップ
だし汁 ………… 5～6カップ

左記のつけ汁をだし汁で割ってあたためる。

肉味噌ダレ

うどんなどに

豚ひき肉 ……… 100g
玉ねぎのみじん切り
　……………… 1/2個分
しょうがのみじん切り
　……………… 1かけ分
砂糖 ………… 大さじ3
味噌 ………… 120g
だし汁 ……… 1/2カップ

玉ねぎ、しょうが、ひき肉の順に炒め、調味料、だし汁を加えひと煮立ちさせる。

ブリの鍋照り焼き

調理時間:15分
1人分:312kcal
(漬け込む時間は含みません)

【材料:2人分】

ブリの切り身 … 2切れ
長ねぎ(白い部分)
……………… 5cm
サラダ油 ……… 大さじ1/2
A:タレ
・しょうゆ ……… 大さじ2
・みりん ……… 大さじ2
・酒 …………… 大さじ2
・砂糖 ………… 小さじ1

【作り方】

1 調味料を合わせたAのタレにブリをつけておく(約1時間)。長ねぎは芯を除き、縦に細く切って水にさらす。

2 フライパンにサラダ油を熱し、汁気を切った1のブリを入れ、両面を色よく焼く。

3 1の残ったタレを2に加えてブリにからませ、焦がさないように焼き、盛りつけて、水気をしぼった白髪ねぎ(▶P83)を添える。

ブリは出世魚

出世魚(しゅっせうお)とは、成長すると呼び名が変わる魚。ブリと呼ぶのは80cm以上のもの。それより小さいものは、地域によっても呼び名が違います。

関東では成長順にワカシ→イナダ→ワラサ→ブリ、関西ではツバス→ハマチ→メバル(メジロ)→ブリ、北陸ではツバイソ→フクラギ→ガンド→ブリなど。

ポイント

香ばしい香りが食欲を誘うタレ味の料理。サバや肉類にも合うタレです。

洋風のだしは、スープ用の「ブイヨン」とソース用の「フォン」があります。コンソメは、ブイヨンをさらに肉、野菜、香辛料で煮込み、コクと香りをつけた透きとおったスープです。

ほっこりかぼちゃのポタージュ

調理時間:45分
1人分:287kcal

【材料:2人分】

かぼちゃ	正味150g
玉ねぎ	1/4個
バター	10g
水	1カップ
固形コンソメ	1個
ローリエ	1枚
牛乳	1カップ
生クリーム	50ml
塩・コショウ	各少々
クルトン	適量

ポイント

かぼちゃはにんじん、じゃがいも、クリームコーンなどでも。こし器でこすとなめらかなスープになります。クルトンの代わりにパセリのみじん切りも合います。

【作り方】

1　玉ねぎは薄切りに、かぼちゃは皮をとり、薄切りにする。

2　鍋にバターを熱して玉ねぎを透き通るまで炒め、かぼちゃを加えてさらに炒め、水、コンソメ、ローリエを加えてやわらかくなるまで煮て、ローリエをとり出して牛乳を加える。

3　2をミキサーにかけてなめらかにし、鍋に戻す。生クリームを加えて、塩・コショウで味をととのえ、盛りつけてクルトンを浮かべる。

上:
ほっこりかぼちゃのポタージュ

中:
ビシソワーズ

下:
野菜たっぷりミネストローネ

ビシソワーズ

1人分:259kcal

【作り方】

じゃがいも大1個をかぼちゃの代わりに使うと白いポタージュに。冷たく冷すと、ビシソワーズ(冷製スープ)になります。牛乳を半量だけ加えてミキサーにかけ、残りの牛乳、生クリームは冷たいまま加えます。

野菜たっぷりミネストローネ

調理時間:35分
1人分:189kcal

【材料:2人分】

- 玉ねぎ………… 1/2個
- にんじん……… 1/3本
- じゃがいも…… 1個
- いんげん……… 2本
- ベーコン……… 1枚
- にんにく……… 1かけ
- トマトの水煮缶……………… 1/2(200g)
- 水……………… 2カップ
- 固形コンソメ… 1個
- ローリエ……… 1枚
- オリーブ油…… 大さじ1
- 塩・コショウ…… 各少々
- パルメザンチーズ……………… 適量

【作り方】

1　野菜はすべて1cm角に切り、じゃがいもは水にさらしておく。ベーコンは1cm幅に、にんにくはみじん切りにする。

2　鍋にオリーブ油とにんにくを入れ、焦がさないように香りが出るまで炒める。ベーコン、1の野菜を加えて炒め、トマトの水煮缶をつぶしながら加え、水、コンソメ、ローリエを加えて煮込む。

3　塩、コショウで味をととのえ、盛りつけてパルメザンチーズをふる。

ニューイングランド風クラムチャウダー

調理時間:30分
1人分:514kcal

【材料:2人分】

ハマグリ……小10個
白ワイン……50ml
牛乳……150ml
生クリーム……150ml
じゃがいも……1個
玉ねぎ……1/3個
にんじん……3cm
小麦粉……大さじ1/2
バター……10g
コンソメ顆粒……小さじ1
塩·コショウ……各少々

【作り方】

1　ハマグリは砂出しをして流水でよく洗い、白ワインとともに鍋に入れ、ハマグリが隠れる程度に水を足す。ふたをして強火にかけ、殻が開いたら火からおろしてハマグリをとり出しておく。

2　野菜は1cm角に切り、じゃがいもは水にさらす。鍋にバターをとかし、玉ねぎ、にんじん、じゃがいもの順に中火で炒め、小麦粉をふり入れてなじむまで炒める。1の蒸し汁とコンソメを加え、沸騰したら火を弱めて牛乳を加え、混ぜながら煮込む。

3　野菜がやわらかくなったら生クリーム、ハマグリを加え、塩、コショウで味をととのえる。

ニューヨーク風
クラムチャウダー

調理時間:30分
1人分:157kcal

【材料:2人分】

ハマグリ……小10個
ベーコン……2枚
じゃがいも……1個
玉ねぎ……1/3個
にんじん……3cm
セロリ……5cm
トマト水煮缶……200g
コンソメ顆粒……小さじ1
塩・コショウ……各少々

【作り方】

1　ハマグリは砂出しをして流水でよく洗い、鍋に入れてハマグリが隠れるくらいの水を足す。ふたをして強火にかけ、殻が開いたら火からおろしてハマグリをとり出しておく。

2　野菜はすべて1cm角に、ベーコンは1cm幅に切り、じゃがいもは水にさらす。鍋にベーコンを入れて油が出るまでじっくりと炒め、玉ねぎ、にんじん、セロリ、じゃがいもの順に加えて炒め、しんなりしてきたら1の蒸し汁、コンソメとトマトの水煮を加えて煮込む。

3　野菜がやわらかくなったらハマグリを加え、塩、コショウで味をととのえる。

上：
ニューイングランド風クラムチャウダー
中：
ニューヨーク風クラムチャウダー
下：
オニオングラタンスープ

オニオングラタンスープ

調理時間:25分
1人分:192kcal

【材料:2人分】

玉ねぎ………… 大1個
バター………… 10g
固形コンソメ … 1個
ピザ用チーズ… 20g
バゲット ……… 2切れ
パセリのみじん切り
………………… 少々

【作り方】

1　玉ねぎは薄切りにする。できるだけ薄く切るのがポイント。バゲットはトーストしておく。

2　鍋にバターを入れて玉ねぎを中火で炒め、きつね色になったら水500mlとコンソメを入れて煮る。

3　2が煮立ったら耐熱容器に入れ、1のバゲットをのせてピザ用チーズ、パセリをのせ、オーブントースターで約5分。チーズがとけて焼き色がつけばでき上がり。

基本のソース

洋風料理に欠かせない基本の万能ソース。
これがおいしくできると、
レストランの味が家庭でも作れます。

ホワイトソース

スープやシチュー、グラタン、コロッケなど、
かたさの調節で応用範囲が広がります。

【材料】

バター…………40g
小麦粉…………40g
牛乳……………800ml
塩・コショウ……各少々

【作り方】

鍋を弱火にかけ、焦がさないようにバターをとかし、一度火からおろして小麦粉を入れる。弱火にかけて木べらでよく混ぜる。

1～2分して白っぽくさらっとしてきたら、あたためた牛乳を少し加えて、ダマにならないように木べらでしっかりと混ぜてときのばす。これを数回繰り返して、とろりとなめらかになったら、塩、コショウで味をととのえる。こし器でこすと、よりなめらかなホワイトソースに。

トマトソース

肉・魚介・野菜、パスタや煮込み料理など、何にでも合うソース。
ハーブを加えて煮詰めるとピザソースに。

【材料】

トマトの水煮缶… 800g
玉ねぎ………… 1/2個
にんにく ……… 1かけ
オリーブ油 …… 1/4カップ
ローリエ ……… 1枚
塩……………… 小さじ1
コショウ・砂糖… 少々

【作り方】

鍋にオリーブ油と、包丁のはらでつぶしたにんにくを入れて中火にかける。香りが出てこんがりと焼き色がついたらみじん切りの玉ねぎとローリエを加え、焦がさないように木べらで混ぜながら狐色になるまで炒める。トマトの水煮を加え、混ぜながら25～30分煮込む。塩、コショウ、酸味が強ければ砂糖を加えて味をととのえる。

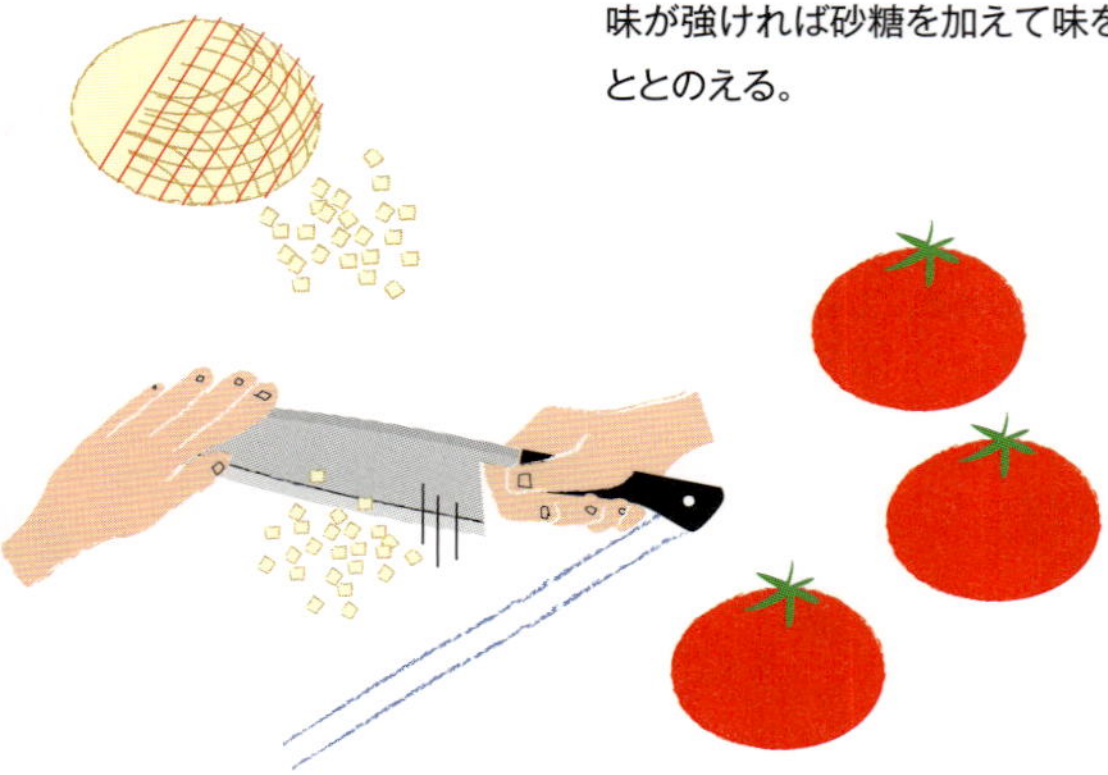

タルタルソース

フライ用ソースの人気No.1。
エビフライや魚のフライにはかかせません。

【材料】

マヨネーズ……1/2カップ
ゆで卵…………1個
玉ねぎみじん切り・パセリみじん切り・ピクルスみじん切り
………………各大さじ1
レモン汁………小さじ2
塩・コショウ……各少々

【作り方】

ゆで卵をみじん切りにして、全ての材料をよく混ぜ合わせる。

マスタードソース

市販のソースとはひと味違う変わりソース。
ポテトフライやチキンナゲット、肉料理などにも。

【材料】

バター………………20g
玉ねぎみじん切り…大さじ2
白ワイン……………大さじ2
白ワインビネガー…大さじ2
コンソメ顆粒………小さじ1
湯……………………150ml
パセリのみじん切り…大さじ1/2
マスタード…………大さじ1
塩・コショウ………各少々

【作り方】

鍋にバターをとかし、玉ねぎを透き通るまで炒める。白ワイン、ワインビネガーを加えて1/3まで煮詰め、コンソメと湯を加えて1/3まで煮詰め、残りの材料を加えて味をととのえる。

~ホワイトソースで作る~

マカロニグラタン

調理時間:35分
1人分:565kcal

【材料:2人分】

ホワイトソース …2カップ
(▶P151)
玉ねぎ……………1/4個
マッシュルーム …4個
鶏もも肉 …………50g
マカロニ …………80g
バター ……………10g
卵黄………………1個分
塩・コショウ ………各少々
粉チーズ…………大さじ3
パン粉……………大さじ1

ポイント

ホワイトソースは、やわらかくのばしてスープ、シチューに、固めに作ればクリームコロッケにと、一番よく使われるソースです。保存は冷蔵庫なら1週間。冷凍したものは冷蔵庫内で解凍するか、そのまま加熱して使います。

【作り方】

1 玉ねぎ、マッシュルームは薄切りにする。鶏肉は食べやすい大きさに切る。マカロニは硬めにゆでておく。

2 鍋にバターと玉ねぎを入れて透き通るまで炒め、マッシュルーム、鶏肉を加えてさらに炒める。あたためたホワイトソース、1のマカロニ、粉チーズの半量を加えてよく混ぜ、火からおろして卵黄を入れ、手早く混ぜる。塩、コショウで味をととのえる。

3 グラタン皿に2を入れ、残りの粉チーズとパン粉を合わせたものをふり、220度のオーブンまたはオーブントースターで5~10分焼く。

～トマトソースで作る～

魚介のトマトソース煮

調理時間:30分
1人分:345kcal

【材料:2人分】

トマトソース …200g（▶P152）
エビ……………2尾
白身魚…………2切れ
ヤリイカ ………中1杯
ムール貝………200g
白ワイン ………大さじ2
にんにく ……… 1/2かけ
玉ねぎ…………1/6個
オリーブ油 ……大さじ1/2
塩·コショウ……各少々
ディル …………適量

ポイント

トマトソースは冷蔵で1週間保存できます。冷凍する場合は小分けにして、自然解凍して使います。ピザやスパゲティなど応用範囲の広いソースです。

【作り方】

1　エビは殻をむき、背ワタをとる。白身魚は半分に切り塩、コショウをふる。イカはワタを除いて皮をむき、ぶつ切りにする。ムール貝はタワシで殻をよく洗い、白ワインの半量とともに鍋に入れ蓋をして2～3分蒸し煮し、ムール貝をとり出しておく。

2　にんにく、玉ねぎをみじん切りにする。鍋にオリーブ油とにんにくを入れ、火にかけて香りが出てきたら玉ねぎを加えて炒め、エビ、白身魚、イカ、1の蒸し汁と残りの白ワインを加え、蓋をして2～3分煮てからムール貝を加える。

3　2にトマトソースを加えてひと煮立ちさせ、塩、コショウで味をととのえて盛りつけ、ディルを添える。

～マスタードソースで大人の味～

ハンバーグ

調理時間:30分
1人分:437kcal

【材料】

マスタードソース
………………（▶P153）
牛ひき肉………200g
（または合びき肉）
生パン粉………1/2カップ
牛乳……………小さじ2
玉ねぎ ………1/4個
バター…………10g
卵………………1/2個分
塩･コショウ･ナツメグ
………………各少々
サラダ油………大さじ1と1/2
つけ合わせ（温野菜、ポテトなどお好みで）

【作り方】

1　生パン粉に牛乳をふりかけておく。玉ねぎをみじん切りにしてバターで炒める。

2　ボウルにひき肉、1、卵、塩、コショウ、ナツメグを入れてよく練り、2等分して小判型に作り、中央をすこしくぼませる。

3　フライパンにサラダ油を熱し、2を入れて強火で約2分焼き、裏返して火を少し弱め、蓋をして3分焼く。つけ合わせの野菜とともに盛りつけ、マスタードソースをかける。

ポイント
ハンバーグを焼いた後のフライパンを使ってソースを作ると、肉汁を生かしたソースができます。

肉料理には温野菜やフレッシュサラダのつけ合わせを

つけ合わせには塩ゆでにしたにんじん、いんげん、アスパラガス、ブロッコリー、カリフラワーなど。じゃがいもを少なめの水でゆでて水分をとばした粉ふきいもなども合う。また、グリーンの生野菜をとり合わせたフレッシュなサラダを添えてもよい。

ミートソース

調理時間:45分
1人分:432kcal

【材料:2人分】

牛ひき肉……… 150g
（または合びき肉）
にんにく……… 1かけ
玉ねぎ………… 1/2個
にんじん……… 1/4本
マッシュルーム
……………… 4個
ローリエ……… 1枚
赤ワイン……… 1/2カップ
トマトの水煮缶
……………… 200g
トマトピューレ… 1/2カップ
水……………… 2カップ
固形コンソメ… 1個
バター………… 20g
オリーブ油…… 大さじ1
塩……………… 小さじ2/3
コショウ……… 少々

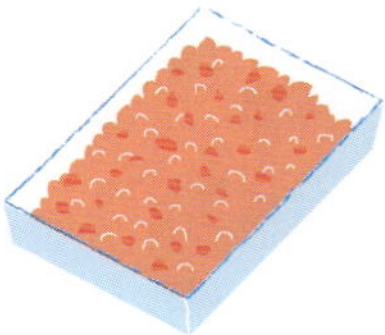

【作り方】

1　にんにく、玉ねぎ、にんじん、石づきをとったマッシュルームをみじん切りにする。

2　厚手の鍋に半量のバター、オリーブ油、にんにくを入れて中火にかけ、香りが出たら玉ねぎとローリエを入れて中火で炒める。あめ色になったらにんじん、マッシュルーム、ひき肉を入れて強火にして炒める。肉に火が通ったら赤ワインを入れて強火のまま蒸発させる。

3　2にトマトの水煮、トマトピューレ、水、コンソメを入れ、煮立ったら火を弱めてアクをとり、焦げないようにときどき混ぜながら煮詰める。塩、コショウして、仕上げに残りのバターを入れてとかし、風味とつやを出す。

スパゲティミートソース

調理時間:10分
1人分:819kcal

【材料:2人分】

ミートソース …… 2カップ
（右ページ参照）
スパゲティ …… 200g
塩 …… 適量
粉チーズ …… 適量

【作り方】

1　湯を沸かし、塩を加え、スパゲティをゆでる。（▶P113）

2　めんの湯をよく切って皿に盛りつけ、ミートソースをかけて粉チーズを添える。

ラザーニャ　～ミートソース&トマトソースで簡単!～

【作り方】

ラザーニャを硬めにゆでる。グラタン皿にホワイトソースとミートソースを交互にはさみながら、ラザーニャをかさねていき、一番上にホワイトソースをかけて粉チーズをふり、パセリのみじん切りをのせてオーブントースターで焦げめをつける。

基本のドレッシング

サラダ上手はもてなし上手。まずは、基本のドレッシングを作ってみましょう。チーズやハーブなどの好みのアレンジを加えれば、「マイ・オリジナルドレッシング」も簡単に作れます。

イタリアン

白ワインビネガーまたは酢	大さじ2
塩	小さじ1
コショウ	少々
バジルまたはパセリのみじん切り	1枚分
玉ねぎみじん切り	大さじ1
オリーブ油	大さじ4

フレンチ

サラダ油またはオリーブ油	大さじ4
白ワインビネガーまたは酢、レモン汁	大さじ2
塩	小さじ1/2
コショウ	少々

サウザンアイランド

マヨネーズ	1/2カップ
トマトケチャップ	大さじ1
玉ねぎみじん切り	大さじ1
ピクルスみじん切り	大さじ1
塩・コショウ・パプリカ	各適量

中華風

酢	大さじ2
しょうゆ	大さじ1
砂糖	小さじ1
すりごま	小さじ1
塩･コショウ･豆板醤	各少々
サラダ油	大さじ3
ごま油	大さじ1

和　風

酢	50ml
しょうゆ	大さじ2
塩･コショウ	各少々
サラダ油	50ml

【ドレッシングの作り方】

油以外の材料をよく混ぜ合せてから、油を少しずつ混ぜながら加える。

【注意】油を先に入れてしまうと、塩、コショウが混ざりにくくなります。

マンネリにならないサラダ＆アレンジドレッシング

12ヶ月

季節感を出せる名わき役。サラダがあるだけで、テーブルがにぎやかになります。季節の食材をとり入れて、サラダ上手になりましょう。

ポテマヨサラダ

ゆでたじゃがいもをつぶし、薄切りのきゅうり、いちょう切りにして、さっとゆでたにんじん、食べやすく切ったハムをボウルに入れて、塩、コショウ、マヨネーズであえる。

みんなに好かれている定番サラダ。フレンチドレッシングであえてもおいしい（▶カバー裏）。

4月 ベビーリーフのグリーンサラダ

レタス、水菜、ルッコラなど、ベビーリーフミックス

★ナッツドレッシング

フレンチドレッシング（▶P162）にアーモンド10粒、くるみ2粒を乾煎りし、細かくきざんで加える。

5月 カリカリクルトンサラダ

レタス、玉ねぎ、きゅうりなどに、さいの目に切ってカリカリにトーストしたパンをのせる。

★シーザー風ガーリックドレッシング

マヨネーズ：大さじ1と1/2、すりおろしニンニク：小さじ1/2、レモン汁：大さじ1、粉チーズ：大さじ1、コショウ：少々

6月 冷しゃぶサラダ

しゃぶしゃぶ用豚肉、または薄切りにしたチクワなどを好みの野菜と。

★コチュジャンドレッシング

コチュジャン・砂糖：各大さじ1と1/2、酢：大さじ3、ニンニクみじん切り：1かけ

1月 長芋、大根、水菜のせん切りサラダ

★ごまダレドレッシング

ごまダレ（▶P139）とポン酢を2:1の割合で混ぜる。

2月 ミモザサラダ

レタスなど好みの野菜、ゆで卵を裏ごすかすりおろしてかける。

★パルメザンドレッシング

イタリアンドレッシング（▶P162）にパルメザン（粉）チーズを大さじ1を加える。

3月 スプラウトと新玉ねぎのサラダ

アルファルファなど好みのスプラウトと薄切りにして水によくさらし、しぼった玉ねぎを混ぜる。

★いちごドレッシング

ヨーグルト：大さじ1、ワインビネガー・サラダ油：各大さじ1/2、塩・コショウ：各少々、いちご2～3粒をフードプロセッサーにかける。

10月 マッシュルームサラダ

マッシュルームを薄切りにしてレモン汁をかけておく。

★もみじおろしドレッシング

和風ドレッシング（▶P163）にもみじおろし（大根に、種をとった鷹の爪を刺して、すりおろす）を水気をしぼって加える。

11月 根菜ほっとサラダ

にんじん、ごぼう、里芋などをゆでる。

★みそドレッシング

白味噌：大さじ1、酢：大さじ1と1/2、砂糖：小さじ1と1/2、唐辛子：好みで

12月 スティックサラダ＆パーティーディップ

きゅうり、にんじん、セロリ、大根、ラディッシュなど。

★ディップソース

A：クリームチーズと明太子を混ぜる。

B：アボカドをくりぬいてつぶし、レモン汁、玉ねぎとトマトのみじん切り、塩・コショウと混ぜる。

7月 夏野菜サラダ

きゅうり、セロリ、ラディッシュなどを食べやすく切る。りんごなどのフルーツにも合う。

★ヨーグルトドレッシング

ヨーグルト：大さじ3、マヨネーズ：大さじ1、生クリームまたは牛乳：大さじ1、塩・コショウ：各少々

8月 冷しトマトと豆腐のカプレーゼ風

トマトと水切りした絹豆腐を薄切りにして盛りつけ、バジルの葉を散らす。

★オニオンドレッシング

玉ねぎみじん切り、またはすりおろし大さじ3、酢：大さじ2、しょうゆ：大さじ1、オリーブ油：小さじ2

9月 ナスのマリネサラダ

ナスを高温の油で色よく揚げ、漬け込むだけ。

★カレー風味ドレッシング

カレー粉・酢：各大さじ2、塩：小さじ1/2、砂糖・しょうゆ：各小さじ1、サラダ油：大さじ3

中華のだしと調味料

中華のだし

本格的な中華料理のだしは、豚肉や鶏肉を長ねぎ、しょうが、にんにくなどの香味野菜とともに煮込んで作ります。そのままスープにしたり、炒め物やチャーハンに加えたりして料理にコクを出します。

豆板醤《トウバンジャン》

そら豆から作られた味噌に唐辛子を加えたピリ辛の調味料。四川料理にはかかせない。麻婆豆腐や回鍋肉、担々麺、春雨サラダや棒々鶏などに使われる。

XO醤《ジャン》

香港の高級ホテルのシェフが開発した比較的新しい調味料。スープや中華風ドレッシング、チャーハンや炒め物などに使う。

甜麺醤《テンメンジャン》

小麦粉ベースに砂糖、ごま油を合わせて加熱した甘味噌。北京ダックに使われることで有名。肉や野菜を炒めるときのかくし味としても使われる。

オイスターソース

牡蠣油ともいわれ、生ガキを塩漬けにして発酵させ、調味したもの。広東料理にはかかせない。炒め物や煮込み料理に使われる。

芝麻醤《チーマージャン》

中華風練りごま。料理の仕上げに香りや光沢をつけたり、冷菜の調味料として使う。棒々鶏、しゃぶしゃぶのごまダレなどに使われる。

ラー油

ごま油と唐辛子を加熱して作る。餃子のタレとして使われるが、中華風あえ物や炒め物などにも辛みと風味をつけるのに使う。

中華かき玉スープ

調理時間:20分
1人分:91kcal

【材料:2人分】

にんじん……1cm
春雨……5g
きくらげ……1枚
ホタテ水煮缶……1/2缶
しょうがすりおろし……少量
中華スープの素……小さじ1
A
・酒……大さじ1/2
・オイスターソース……小さじ1/2
・しょうゆ……小さじ1/2
水溶き片栗粉
（片栗粉:小さじ1、水:小さじ2）
卵……1個
塩・コショウ……各少々

【作り方】

1　にんじんはせん切り、春雨ときくらげはぬるま湯で戻し、きくらげは細く切っておく。

2　鍋に水300mlとホタテの缶の汁を加え、しょうがと中華スープの素を入れる。にんじん、春雨、きくらげを入れ、再び煮立ったらほぐしたホタテの身とAを加え、水溶き片栗粉をまわし入れてとろみをつける。

3　沸騰した状態で溶き卵を流し入れ、半熟程度に固まったら全体を混ぜ、火をとめて塩、コショウで味をととのえる。

ポイント

ホタテ缶の代わりにカニ缶やひき肉などを使ってもいいでしょう。卵は、スープが濁らないように、必ず煮立っているところへ入れましょう。

中華の合わせ調味料

中華料理は、調味料を混ぜておくことで、味つけが簡単にできます。材料を火にかける前に準備しておき、手早く調理しましょう。

麻婆あん

豆腐、春雨、なすなどと合わせて

【材料】

にんにくのみじん切り …… 20g
長ねぎのみじん切り …… 50g
豚ひき肉 …… 100g
豆板醤 …… 大さじ1
甜麺醤 …… 大さじ1
しょうゆ …… 大さじ1
コショウ …… 少々
鶏ガラスープ …… 1/2カップ
水溶き片栗粉
　片栗粉／大さじ2/3+水／大さじ1と1/3
砂糖 …… 小さじ1

【作り方】

香味野菜とひき肉を炒め、他の調味料を加えて食材を煮て、水溶き片栗粉でまとめる

チリソース

エビ、イカなどに

【材料】

しょうがのみじん切り… 小さじ1
にんにくのみじん切り… 小さじ1
長ねぎのみじん切り … 1本分
豆板醤……………… 大さじ1/2
トマトケチャップ ……… 大さじ2
砂糖…………………… 小さじ1
塩……………………… 小さじ1/4
コショウ ……………… 少々
鶏ガラスープ ……… 1/4カップ
サラダ油 ……………… 大さじ1
水溶き片栗粉…………
片栗粉／小さじ1+水／小さじ2

【作り方】

中華鍋に油大さじ1/2(分量外)を熱し、豆板醤、しょうが、にんにくの順に入れて強火で炒め、香りが立ってきたら調味料とスープを加え、煮立ったらねぎを入れ、水溶き片栗粉でまとめる。

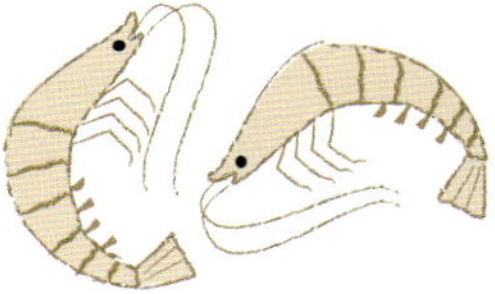

バンバンジーソース

鶏肉や野菜の冷菜に
よく合うごまダレ

【材料】

しょうがのみじん切り… 小さじ1
白ねぎのみじん切り … 大さじ1
にんにくのみじん切り… 少々
練りごま ……………… 大さじ3
しょうゆ ……………… 大さじ5
砂糖…………………… 大さじ3
酢……………… 大さじ1と2/3
ごま油 ………………… 小さじ2
ラー油………………… 小さじ1

【作り方】

材料を混ぜ合わせておき、食べる直前にかける。

甘酢あん
酢豚や唐揚げに

【材料】

酢……大さじ3
砂糖……大さじ3
トマトケチャップ……大さじ1
しょうゆ……小さじ1
鶏ガラスープ……1/2カップ
サラダ油……少々
水溶き片栗粉……
片栗粉／大さじ1/2+水／大さじ1

【作り方】

材料を全て混ぜ合わせておき、食材を炒めたら最後に加えて手早く混ぜる。

八宝あん
八宝菜、あんかけそば、中華丼などに

【材料】

塩……小さじ1
しょうゆ……小さじ1
砂糖……少々
鶏ガラスープ……1カップ
水溶き片栗粉……
片栗粉／小さじ1+水／小さじ2

【作り方】

調味料を合わせておき、炒めた食材に加えて、水溶き片栗粉でとろみをつける。

酢　豚

調理時間:45分
1人分:362kcal

【材料:2人分】

豚ももかたまり肉 …… 150g
にんじん …… 3cm
玉ねぎ …… 1/4個
ピーマン …… 1個
干ししいたけ …… 2個
パイナップル(缶) …… 1枚
トマト …… 1個
揚げ油 …… 適量
A:ころも
・卵 …… 小1/2個分
・薄力粉 …… 90g
・片栗粉 …… 大さじ2
・水 …… 1/3カップ
甘酢あん(▶P172)

【作り方】

1　豚もも肉は2cm角に切ってしょうゆ、酒各少々（分量外）をまぶし、Aをつけて中温(165度)の揚げ油でカラッと揚げておく。にんじんはひと口大の乱切りにして硬めに下ゆでする。

2　玉ねぎ、種をとったピーマン、戻して軸を切ったしいたけ、湯むき(▶P67)して種をとったトマト、パイナップルは、それぞれ2cm角に切る。

3　中華鍋に油大さじ1を熱し、2を炒め、甘酢あんを入れてとろみがついたら1を加えて混ぜ合わせる。

人気の甘酢あん

豚肉の代わりにうずらの卵やエビ、鶏肉など。ほとんどの肉、魚介、野菜に好相性です。うずらの卵とミニトマトの甘酢炒めスペアリブの甘酢あんかけなど。

エビのチリソース炒め

調理時間:30分
1人分:223kcal

【材料:2人分】

エビ……………100g
グリンピース…大さじ1/2
ねぎ……………半分~1本
A:下味
・塩……………小さじ1/2
・コショウ………少々
・卵白…………1/2個分
・片栗粉………大さじ1
・サラダ油……大さじ1/2
揚げ油…………適量
チリソースの材料(▶P171)

ポイント

香ばしい香りが食欲を誘うタレ味の料理。サバや肉類にも合うタレです。

ほかの食材を使ってアレンジ

ホタテやカニなどにも良く合います。アスパラやブロッコリーなど、ゆでた野菜にかけるだけでも豪華な副菜のでき上がり!

【作り方】

1　むきエビにAの下味をもみ込み、低温(140℃)の揚げ油に入れてほぐすように油通しし、ざるやキッチンペーパーに上げて油を切っておく。

2　チリソースを作る。中華鍋に油大さじ1/2(分量外)を熱し、豆板醤、しょうが、にんにくの順に入れて強火で炒め、香りが立ってきたら調味料とスープを加え、煮立ったら1とグリンピース、ねぎを入れる。

3　水溶き片栗粉を入れて手早く混ぜ、盛りつける。

八宝菜

調理時間:25分(乾物のもどし時間は含みません)
1人分:177kcal

【材料:2人分】

豚薄切り肉……25g
むきイカ……25g
むきエビ……25g
にんじん……3cm
ゆでたけのこ……小1/2本
白菜……1枚
干ししいたけ……1個
きくらげ……2枚
ぎんなん(缶)……4粒
うずらの卵(缶)……2個
A:八宝あん
・塩……小さじ1
・しょうゆ……小さじ1
・砂糖……少々
・鶏ガラスープ　1カップ
水溶き片栗粉…
片栗粉/小さじ1、水/小さじ2
サラダ油……大さじ1

ポイント
手近な野菜を使って、中華丼や五目かた焼きそばなど、アレンジ自在。

【作り方】

1　豚肉は食べやすい大きさに、イカは皮目に斜め格子の切れ目を入れ、短冊に切る。にんじん、たけのこは薄切り、白菜はひと口大の削ぎ切りにする。しいたけときくらげは水で戻し、食べやすい大きさに切る。

2　中華鍋にサラダ油を熱し、豚肉、にんじん、たけのこ、干ししいたけ、イカ、エビ、白菜の順に入れて炒め、その他の材料を加えてAを合わせて入れ、アクをとりながら野菜に火が通るまで煮込む。

3　水溶き片栗粉をまわし入れてとろみをつけ、盛りつける。

エスニック調味料

スーパーなどでも手軽に手に入りやすくなった各国の調味料。いくつかそろえておくと、家でもエスニック料理がたのしめます。

ナンプラー

魚醤、ニョクマムなどとも呼ばれ、魚を主原料として作られる。スープや春雨サラダ、炒め物など、タイやベトナム料理の味にかかせない。

ココナッツミルク

さっぱりとした味わいが、香辛料のきいた料理に合う。カレーやスープ、煮込み料理のほかに、飲み物やデザートにも使用する。

コチュジャン

韓国料理に使われる唐辛子の味噌。辛み、甘み, 塩けがあり、ビビンバや焼き肉にはかかせない。炒め物、サラダ、鍋などにも合う。

粉唐辛子

唐辛子を細かく粉状にしたもの。韓国のものはそれほど辛みが強くなく、口あたりがよい。キムチ、スープやタレ、チヂミなどに混ぜて使う。

スイートチリソース

とろみのある甘辛いタイの調味料。生春巻きや白身魚のフライ、唐揚げなどのつけダレ、サラダに使われる。

手作りスイートチリソース

【材料】

赤唐辛子……… 2本
にんにく ……… 1かけ
酢……………… 100ml
水……………… 100ml
砂糖…………… 1/2カップ
ナンプラー …… 大さじ1
コーンスターチ　小さじ2

*冷蔵庫で2週間くらい保存できます。

【作り方】

1　赤唐辛子は種ごと粗いみじん切りに、にんにくはすりおろす。

2　ホーロー鍋に酢、水、砂糖を入れて火にかけ、唐辛子、にんにく、ナンプラーを加え、ひと煮立ちしたらコーンスターチを水大さじ1でといたものを加え、とろみをつける。

生春巻き

調理時間:35分
1人分:241kcal

【材料:2人分】

エビ……………6尾
鶏ささ身………1/2本
にんじん………3cm
レタス…………1枚
ビーフン
(または春雨)…20g
香菜……………4本
ニラ……………2本
ライスペーパー…4枚
スイートチリソース(▶P177)

ポイント

ライスペーパーはすぐにやわらかくなるので、硬いときはぬれぶきんの上でひと呼吸待つ程度にします。スイートチリソースは多めですが、冷蔵庫で2週間くらい保存できます。

【作り方】

1 スイートチリソースを作る。

2 ビーフンをゆでて戻し、食べやすい大きさに切る。鶏ささ身はゆでて繊維に沿ってさいておく。エビは背ワタをとってゆで、殻をむいて縦に半分の厚さに切る。にんじん、レタスはせん切りにする。香菜はざく切りに、ニラは1/4に切る。

3 ライスペーパーを水にさっとくぐらせてぬれぶきんの上に広げ、エビとニラを除いた具を手前にのせ、皮を手前からひと巻きする。両側を内側に折り、ニラを片方の端が出るようにのせ、エビを赤い色が外側になるように並べてしっかりと巻く。

フォー・ガー

調理時間:30分
1人分:317kcal

【材料:2人分】

フォー（乾めん）…100g
鶏もも肉………60g
エビ……………2尾
赤唐辛子………1本
万能ねぎ………2本
香菜……………2本
にんにく………1/2かけ
もやし…………1/4袋
サラダ油………小さじ2
鶏ガラスープの素
……………小さじ2
水……………3と1/2カップ
ナンプラー……大さじ1と1/2
塩･コショウ……各少々

ポイント

フォーの代わりにビーフンやそうめんなどでもおいしくいただけます。レモンをしぼると爽やかな風味に。

【作り方】

1　フォーはゆでてざるにとり、さっと洗って水気をしっかり切る。鶏肉は1cm幅のそぎ切り、エビは背ワタをとって殻をむく。赤唐辛子は水につけて戻し、種をとって小口切りにする。万能ねぎは5cmに、香菜はざく切り、にんにくは薄切りにする。

2　鍋にサラダ油とにんにくを入れて火にかけ、カリカリになったらとり出しておく。続いて赤唐辛子を炒め、鶏肉、エビ、もやしを入れて炒め、鶏ガラスープの素と水を入れて煮立ったらナンプラーを加え、塩、コショウで味をととのえる。

3　器にフォー（めん）を入れ、2を盛りつけ、万能ねぎ、香菜、にんにくをのせる。

調味料②

料理にかかせない油や常備しておくと便利な調味料。それぞれの特徴をおさえて、上手に使いこなしましょう。

油脂類

植物性と動物性があります。開封したあとは酸化しやすいので、しっかり蓋をして冷暗所で保存します。

サラダ油

精製度の高い植物性油。紅花油はあっさりした風味でリノール酸が多く、菜種油は飽和脂肪酸含有量が低い。コーン油は酸化しにくく日持ちがよいのが特徴。

ラード

豚の脂肪からとった油脂。冷えて固まっても口溶けがいいので、炒め物や菓子などに使われます。

ごま油

香りと風味があり、中華料理によく使われます。リノール酸、オレイン酸、ビタミンＥを多く含みます。

オリーブ油

オリーブの実からとった油。オレイン酸を多く含んでいます。

バター

牛乳から分離したクリームの脂肪を撹拌し、かためて作ったもの。食塩を加えた有塩バター、食塩を加えずに作り、製菓などに使われる無塩バター、発酵バターがあります。

マーガリン

バターの代用として、精製した植物性油に、乳成分、塩などを加えて作ったもの。

牛脂

牛の脂肪からとった油脂。すき焼きなどの牛肉料理に使われます。

ソース類

そのまま料理にかけて使ったり、ほかの調味料と混ぜ合せたりして使います。

マヨネーズ

卵黄と塩、酢に油を少しずつ加えて乳化させたもの。

トマトケチャップ

トマトベースに塩、酢、香辛料や野菜類などを加えたもの。トマトを裏ごしして種と皮をとり除き、煮詰めたものはトマトピューレ、さらに煮詰めたものがトマトペースト、辛みのある香辛料を加えたものはチリソース。

ソース

野菜や果実のしぼり汁に調味料や香辛料を加えた茶色のソース。味や粘度が濃い順に、とんかつソース、中濃ソース、ウスターソースなどがあります。そのまま料理にかけたり、合わせ調味料のコクや風味をつけるために使います。

手作りマヨネーズ

手作りのマヨネーズを作ってみましょう。油を増やすとやわらかくなるので、かたさを好みで加減します。

【材料】

卵黄……………… 1個
酢………………… 大さじ1～2
塩、コショウ …少々
サラダ油… 1/2～3/4カップ

【作り方】

1　ボウルに卵黄、酢、塩、コショウを入れてよくかき混ぜる。

2　混ぜながら、サラダ油を細くたらして加える。

エビとオクラのカレー

調理時間:25分
1人分:340kcal

【材料:2人分】

エビ……6尾
オクラ……6本
玉ねぎ……1/2個
青唐辛子……1本
ココナッツミルク……1カップ
塩……適量
砂糖……少々
サラダ油……大さじ1と1/2
A:スパイス
(カレーパウダーでも可)
・フェンネルシード……小さじ1/4
・マスタードシード……小さじ1/4
・コリアンダーパウダー……小さじ1/2
・ターメリックパウダー……少々
・黒コショウ(粒)……小さじ1/2

【作り方】

1　エビは殻をむき、背ワタをとる。オクラは1cmの小口切り、玉ねぎは薄切りに、青唐辛子はうすく小口切りにする。

2　フライパンに半量のサラダ油を入れ、エビとオクラを炒めてとり出しておく。残りのサラダ油を加え、フェンネルシード、マスタードシード、砕いた黒コショウを炒め、スパイスがパチパチはねてきたら玉ねぎを加えて薄く色づくまで炒める。

3　青唐辛子、コリアンダーパウダー、ターメリックパウダーを加えて炒め、エビとオクラを戻して塩、ココナッツミルクを加え、3分煮込んで盛りつける。

タンドリーチキン

調理時間:35分
1人分:126kcal
（漬け込むまでの時間は含みません）

【材料:2人分】

鶏もも肉	1枚
にんにく	1かけ
しょうが	1かけ
カレー粉	小さじ1
赤唐辛子	1本
レモン汁	小さじ1
塩	小さじ1/2
コショウ	少々
ヨーグルト	2/3カップ
サラダ油	小さじ1

ポイント

ヨーグルトから出た水分（乳清）は栄養豊富なので捨てないで。はちみつや果汁などを加えると爽やかなドリンクになります。

【作り方】

1　ヨーグルトはキッチンペーパーかコーヒーフィルターなどで30分おき、水分を出す。鶏肉はフォークを数箇所さして味がしみこみやすくしておく。にんにく、しょうがはすりおろし、赤唐辛子は小口切りにする。

2　ポリ袋などに鶏肉、カレー粉、赤唐辛子、レモン汁、塩、コショウ、ヨーグルト、サラダ油を入れてよくもみ込み、冷蔵庫で数時間～ひと晩漬け込む。

3　オーブンを220度に温め、2のタレをかるくふきとり、20～30分焼く。

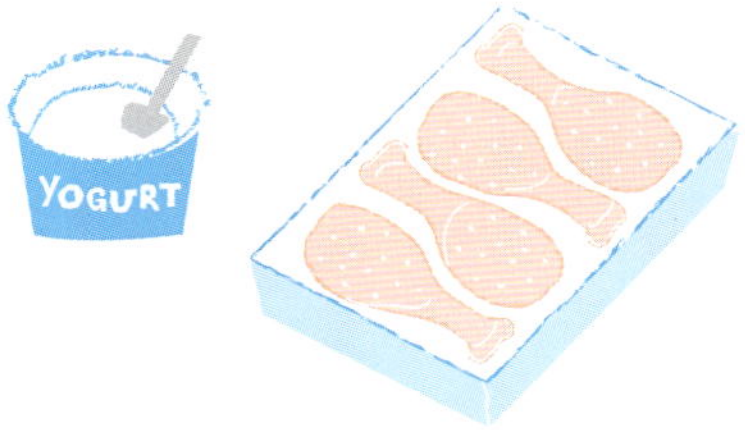

エビとオクラのカレー

タンドリーチキン

第5章
Chapter 5
定番料理を作ってみよう

わが家の自慢料理、なつかしい家庭の味、
なんだかホッとするおなじみの味。
何度も食べて味をよく知っている料理を作ることは
実はそんなにむずかしいものではありません。
もちろん、何度作っても真似できない味というのもあり、
そこにはその人だけの工夫やコツが
かくされているかもしれませんね。

定番の煮物

肉じゃが

調理時間:30分
1人分:453kcal

【材料:2人分】

牛こま切れ肉	100g
じゃがいも	中2個
玉ねぎ	1/2個
にんじん	1/4本
しょうが	1/2かけ
サラダ油	大さじ1/2
A:煮汁	
・だし汁	2/3カップ
・しょうゆ	大さじ1と1/2
・砂糖	大さじ1
・酒	大さじ1
・みりん	大さじ1/2

【作り方】

1　牛肉はひと口大に切る。じゃがいもは皮をむき、乱切りにして水にさらす。玉ねぎはくし形に、にんじんは乱切り、しょうがは薄切りにする。

2　鍋にサラダ油を熱し、しょうがと牛肉を炒め、肉の色が変わったら水気を切ったじゃがいも、にんじんを加えて炒める。

3　2にだし汁を入れて煮立て、アクをていねいにとり、しょうゆ大さじ1、砂糖、酒を加え、やわらかくなるまで煮て玉ねぎとみりんを加える。味をみながら残りのしょうゆを加え、ひと煮してでき上がり。

豚の角煮

調理時間:75分（しいたけの戻し時間は含みません）
1人分:528kcal

【材料:2人分】

豚バラ肉かたまり
…………………250g
干ししいたけ…2枚
長ねぎ…………1/2本
しょうが………1かけ
ゆで卵…………2個
A:煮汁
・水……………1カップ
・しょうゆ……大さじ1と1/2
・砂糖…………大さじ1
・酒……………大さじ1

【作り方】

1　豚肉は4cm角位に切る。干ししいたけは水につけて戻し、軸をとる。もどし汁はとっておく。長ねぎは2～3cmに、しょうがは皮付きのまま薄切りにする。ゆで卵はからをむき、縦に包丁で筋を入れる。

2　鍋に水としいたけの戻し汁、しょうゆ大さじ1、砂糖、酒を入れて火にかけ、豚肉、長ねぎ、しょうが、しいたけ、ゆで卵を入れ、煮立ったらアクをとり、弱火で1時間以上煮込む。

3　肉が軟らかく煮えたら残りのしょうゆを加え、味がなじむまで煮込む。盛りつけるときは、玉子を半分に切る。

五目きんぴら

調理時間:35分（昆布の戻し時間は含みません）
1人分:127kcal

【材料:2人分】

昆布……………5cm
ごぼう…………20cm
にんじん………1/4本
れんこん………中5cm
しらたき………50g
サラダ油………大さじ1
A:煮汁
・砂糖…………大さじ1/2
・しょうゆ……大さじ1と1/2
・酒……………大さじ1

【作り方】

1　昆布は水につけて戻し、火にかけて沸騰直前でとり出し、さましてから細切りにする。ごぼうはよく洗い、包丁の背で皮をこそぎ、斜め薄切りにしてからせん切りにし、水にさらしておく。にんじんはせん切り、れんこんは皮をむいて薄いいちょう切りにし、酢水（分量外）につけ水気を切る。しらたきは食べやすく切り、下ゆでして水気を切る。

2　鍋にサラダ油を熱し、水気を切ったごぼうをよく炒め、その他の材料も加えてさらに炒める。

3　砂糖、しょうゆ、昆布だし少々を加えて味がなじみ、水分がとぶまでよく炒りつける。

（左ページ写真）　上：肉じゃが
中：豚の角煮
下：五目きんぴら

魚を煮る

昔ながらの和食の定番、魚の煮つけ。身くずれせずに仕上げるコツは煮汁の泡で包み込んで火を通すことです。

きれいに煮上げるコツ

鍋に重ならないように並べます。1尾まるごとの魚は裏側に横一文字の切り込みを入れると、味がしみ込みやすく、火の通りを早くします。落とし蓋をするときは、水か煮汁で蓋の内側を濡らして、皮にくっつかないようにします。

底が広い浅鍋が便利。深さのあるフライパンでもOK。

煮汁の加減

白身魚はあっさりと、強火でさっと煮た方がおいしいので、煮汁は少なめに。イワシ、サバ、カツオなど、脂肪の多いものや青魚、赤身の魚は白身魚よりも濃いめの味をつけ、煮汁を多くしてゆっくりと煮ます。

煮汁は煮立ててから

魚は煮汁が煮立っているところに1切れ

ずつ、盛りつける面を上にして並べます。1尾ごとに煮汁を煮立てて入れていきますが、強火で煮立てすぎないように注意を。

冷凍の魚は必ず解凍して

冷凍魚は凍ったまま煮ると、煮汁に入れたときに水分が出て味が変わるので、よく解凍（▼P243）してから煮るようにします。

煮くずれを防ぐには

煮魚は表裏をひっくり返すと、煮くずれてしまうので、鍋を傾けて煮汁をすくい、表面にまわしかけて味をしみ込ませます。鍋肌についた煮汁は焦げつきやすいので、途中で何度かふきとります。盛りつけるとき（▼P40）もくずれないように注意します。

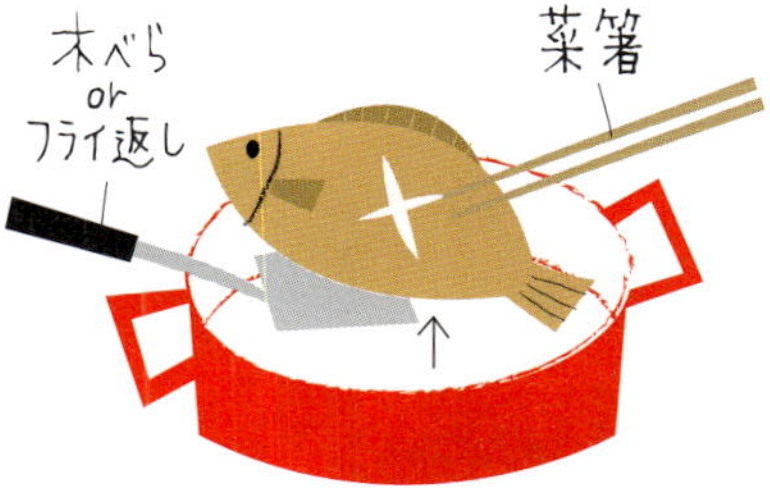

木べらかフライ返しを魚の下へ差し込み、
菜箸でおさえて皿に移す。

カレイの煮つけ

調理時間:20分
1人分:212kcal

【材料:2人分】

カレイの切り身…2きれ
しょうが………1かけ
A:煮汁
・酒……………100ml
・水……………50ml
・しょうゆ………大さじ2
・みりん………大さじ2
・砂糖…………大さじ2

【作り方】

1 しょうがは半分を薄切りに、残りを針しょうがにする。

2 浅い鍋に煮汁を入れて強火にかけ、煮立ったら薄切りにしたしょうがを入れ、カレイの黒い皮を上にして並べる。落とし蓋をして、煮立ったら火を弱めて10分煮る。

3 落とし蓋をはずし、煮汁をスプーンでかけながら火が通るまで煮て、身をくずさないようにとり出し、皿に煮汁と共に盛り、針しょうがをのせる。

ポイント

煮てすぐより、火をとめた後しばらくおいて味をしみ込ませると、よりおいしい。子持ちカレイの場合は、火が通りにくいので少し長めに煮ます。

焼く

香ばしさと風味が持ち味の焼き物はメイン料理としても大活躍！　焦がさずに中まで火を通すのがおいしさのコツ。

魚を焼く

下ごしらえをして、全体に薄く塩をふります。手に塩をとり、30㎝くらいの高さからぱらぱらと落とします(ふり塩)。白身魚やエビは焼く直前に、その他の魚は塩をふってから10分～20分おき、余分な水分を抜いて身をしめます。アジ、サバ、イワシなどの青魚には少し多めにふり、臭みを抜きます。塩をしてから長時間おくとくずれるので注意しましょう。

焼き物は「表四分に裏六分」

盛りつけたときに上になる「表」から先に焼きます。きれいな焼きめがついて、四分通り火が通ったら裏返して六分焼きます。中までふっくらと焼くには、「強火の遠火」で。グリルは上火なので、裏を上にしてよく焼いてから、表は軽い焼き加減でパリッと仕上げます。

卵を焼く

オムレツなど、卵をふんわりと焼くには、コシの強い新鮮な卵を使い、空気を入れるように軽く混ぜます。火の通りが早いので、半熟で仕上げたいものは、途中でフライパンを持ち上げて、火からはずしながら焼きます。（▼P198）

肉を焼く――うまみを逃さずに

盛りつけて上になる方から焼きはじめます。厚みのある肉は、強火で両面が色づくくらいに焼き、うまみをとじこめてから弱火で火を通します。薄切り肉は強火で手早く。焼き上がったらすぐにとり出します。（▼P201～202）

焼き上がりをきれいにするために

化粧塩・ヒレ塩

焼く直前に魚の水分をふきとり、表だけにぱらりと塩をふる（化粧塩）。焦げやすい尾やヒレには多めの塩をまぶしつけて（ヒレ塩）焼く。

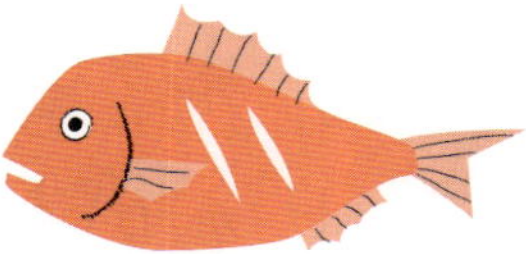

飾り包丁

魚の表面に浅く2～3本の切れ目を入れる。火の通りを良くし、皮が焼き縮んで破れるのを防ぐ。

アジの塩焼き

調理時間:20分
1人分:90kcal

【材料:2人分】

アジ……2尾
塩……適量
レモン……適量

【作り方】

1　アジはぜいごをとり（▶P91）、盛りつけたときに裏側になる方の腹に切り込みを入れ、えらとワタを包丁の先でとり除く。腹の中を水で洗い、ペーパータオル等で水気をふいて、胸ビレ、背ビレ、尾ビレを広げながら指で塩をまぶしつける。アジ全体にもまんべんなく塩がかかるように、20～30cm上から両面に塩をふる。

2　焼き網をよく焼き、盛りつけたときに表になる方から焼く。焼き色をみながら5～6分焼いて裏返し、さらに5～6分焼く。

3　頭を左にして盛りつけ、くし形に切ったレモンを添える。

ポイント

ヒレは焦げやすいので、たっぷり塩をまぶしつけて化粧塩をします。レモンの他に、大根おろしなど。

青魚には、大根おろしがよく合いますが、塩がついているのでしょうゆなどの塩分に注意しましょう。

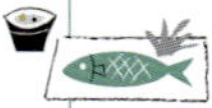

玉子焼き

基本の玉子焼き

調理時間:10分
1人分:106kcal

【材料:2人分】

卵……………………2個
しょうゆ ………小さじ1
砂糖………………1と1/2
サラダ油 ………小さじ1

【作り方】

1　卵を割って箸で白身を切るようにほぐし、しょうゆ、砂糖を加える。玉子焼き器にサラダ油を入れて熱し、なじませたら余分な油をふきとる。

2　卵の1/3量を流し入れ、さっと混ぜながら焼き、ふちが離れたら奥から手前に向かって巻く。卵を奥に寄せ、残りの卵液の半量を空いた部分に流し入れ、焼けた部分を箸で少し持ち上げ、卵液を流す。半熟状態で再び奥から手前に巻き込む。

3　もう一度繰り返して焼き、巻き終わりを下にして形をととのえる。

ポイント

火加減は、鍋の横から炎がはみ出さない程度。焦げやすいようなら、卵液を足す前に、キッチンペーパーなどで油をひきます。

ふんわりだし巻き

1人分:91kcal

【材料:2人分】

卵	2個
だし汁	大さじ1と2/3
塩	少々
みりん	大さじ1/2
しょうゆ	大さじ1/2

【作り方】

★玉子焼きと同じ。卵にしっかり火を通すように気をつけましょう。

薄焼き玉子(茶巾ずしなどに)

1人分:123kcal

【材料:2人分】

卵	3個
水	小さじ2
片栗粉	小さじ1/2
塩	少々
サラダ油	少々

【作り方】

1　水と片栗粉を混ぜ、塩を加えてときほぐした卵によく混ぜる。

2　フライパンを熱し、サラダ油を引いて余分な油をふきとり、1の1/4を流し入れ、フライパンを傾けてまわし、卵液を薄く広げ、そのまま数秒おく。

3　卵の端を少し持ち上げ、菜箸を差し込んで1/3くらいまでずらし、持ち上げて裏返す。火を止めてひと呼吸おき、とり出す。

錦糸玉子(ちらし寿司などに)

薄焼き玉子が冷めたら端から細切りにする。

オムレツ

調理時間:5分
1人分:201kcal

【材料:2人分】

卵……………………4個
塩・コショウ……各少々
牛乳………………大さじ1
サラダ油…………少々
バター……………10g

【作り方】

1　卵を割り、塩、コショウ、牛乳を加えて空気を含ませるように大きく混ぜる。

2　フライパンにサラダ油を熱し、バターの半量を入れてとけはじめたら1の半量を流し入れ、菜箸で大きく混ぜる。かたまりかけたらフライパンの手前を持ち上げ、卵を奥に寄せ、フライパンのへりを利用して形作り、端を返してフライパンをトントンとたたきながら手前に向かって返す。

3　中がやや半熟状態で形をととのえ、表になる面を上にしてフライパンから滑らせるように皿に移す。

ポイント

フライパンは中火でよく熱してから油を入れ、火を弱めずに手早く焼きます。

スクランブルエッグ

材料はオムレツと同じ。牛乳を多めにするか、生クリームを使うとふんわり仕上がります。卵液を流し入れたら手早くかき混ぜ、ポロポロにならないよう、一歩手前で火からはずし、皿に移します。

おうちステーキ

調理時間:10分（牛肉を室温におく時間は含みません）
1人分:363kcal

【材料:2人分】

牛肉ステーキ用 … 2枚
もやし ……………… 適量
にんにく ………… 1かけ
牛脂 ………………… 適量
塩・コショウ ……… 各少々
しょうゆ ………… 少々

【作り方】

1　牛肉は室温に30分おき、余分な脂身を落として筋を切り、片面にのみ塩、コショウする。にんにくは薄切りにする。

2　フライパンを強火で熱し、牛脂とにんにくを入れ、香りが出たら塩、コショウした面を下にして肉を入れ、動かさずにしばらく焼く。焼き色がついたら中火に落とし、表面に赤く肉汁が浮いてきたら裏返し、10～30秒焼いて皿にとり出す。

3　2のフライパンにもやしを入れて炒め、しょうゆをたらしてからめ、盛りつける。

ポイント

返してからの焼き加減は、
レア=10秒
ミディアム=20秒
ウェルダン=30秒
つけ合せは好みの野菜で。

！

肉のうま味を逃がしてしまうので、頻繁にひっくり返したり動かさないようにします。チキンステーキやポークステーキは中心までしっかり火が通るように。

しょうが焼き

調理時間:20分
1人分:215kcal

【材料:2人分】

豚肩ロース肉薄切り…200g
しょうが……2かけ
しょうゆ……大さじ2
酒……大さじ1
みりん……小さじ1
サラダ油……大さじ1/2
つけ合せ野菜…適量

【作り方】

1　豚肉は、筋を切り、しょうがをすりおろし、しょうゆ、酒、みりんを混ぜた漬け汁に10分漬け込む。

2　フライパンにサラダ油を熱し、1の豚肉を入れて中火で焼き色がつくまで両面焼き、1の漬け汁をまわし入れて肉にからめる。

3　皿に盛りつけて、好みの野菜をつけ合せる。

ポイント

肉を漬け込む時間は短めにして、タレを後からからめる方がやわらかく仕上がります。

お弁当にも!

常に人気メニューの上位にあるしょうが焼き。
お弁当に入れるときは、焼く前に軽く小麦粉をまぶすと、冷めてもやわらかく、タレもからみやすい。

炒《いた》める

強火で手早くが基本。段取りをととのえて、短時間で一気にシャキッと仕上げましょう。

強火で水分をとばす

炒め物は、調理時間が短く、野菜をたっぷり食べられます。おいしく仕上げるコツは強火で一気に炒めること。鍋を持つ手を前後にあおるように動かして水分をとばします。

下ごしらえは材料別に

短時間で炒めるためには、下ごしらえをしっかりと。材料は大きさをそろえて

炒め上手のポイント

中華鍋を十分に熱し油を入れる。

切っておきます。炒める順に、火の通りにくい物から並べておきます。

下ゆでと油通し

数種類の材料を炒めるとき、かたい物は下ゆでを、肉や魚などは油通しをして、火の通りや味つけが一定になるようにします。

下ゆでは、沸騰した湯に材料を入れて、色が変わるくらいでサッとざるにあげます。

油通しは、低温の油に材料を一気に入れて軽く混ぜ、色が変わったら手早く引き上げます。野菜と肉を油通しするときは、野菜を先に。油はしっかりと切っておきましょう。

肉を先に炒めてから野菜を入れる。玉ねぎなど、味が出る野菜ははじめに。火の通りにくい順に強火で。

手早く炒めて盛りつけて

もやしなど火の通りやすいものは1分、その他の野菜も数分で一気に仕上げます。調味料が何種類もあるときは、あらかじめ合わせたり、すぐに手の届くところに準備しておきましょう。手早く炒めたら、余熱で火が通り過ぎないようにすぐに器に盛りつけます。

★フッ素樹脂加工のフライパンは、空焚きすると皮膜がはがれるので注意しましょう。

塩、コショウは全体にふり、しょうゆなどは、鍋肌からまわし入れる。

野菜炒め

調理時間:15分
1人分:216kcal

【材料:2人分】

キャベツ ……… 大1枚
もやし ………… 1/4袋
にんじん ……… 2cm
ピーマン ……… 1/2個
玉ねぎ………… 1/4個
ニラ…………… 4本
豚ばら肉 ……… 70g
にんにく ……… 1/2かけ
塩･コショウ…… 各少々
しょうゆ ……… 少々
サラダ油 ……… 大さじ1

【作り方】

1　キャベツは食べやすい大きさに揃えて切り（ザク切り）、にんじんは薄切り、ピーマン、玉ねぎは細切り、ニラは5cmに、豚肉はひと口大に切る。にんにくは包丁の腹でつぶす。

2　中華鍋を熱し、サラダ油を入れてにんにくを炒め、香りが出たらとり出す。豚肉を炒め、切った野菜ともやしを入れて油が全体にまわるように大きく混ぜながら強火で一気に炒める。

3　鍋を大きくふりながら炒め、全体のかさがやや少なくなったら塩、コショウ、しょうゆをまわし入れ、ざっと炒めて皿に盛りつける。

ポイント

中華鍋をよく焼いて使います。フライパンで作るときは、油をよく熱し、火が通りにくい野菜から順に加えていき、中の温度が落ちないようにしましょう。

蒸す

蒸気のチカラで、うま味を逃がさずムラなく加熱。淡白な素材の持ち味を活かして仕上げることがコツ。

火加減の調節が仕上がりをきめる

あらかじめ鍋の湯を強火で沸騰させることがポイント。そのあとの火加減は材料によって異なり、しゅうまいは強火で短時間、野菜や赤飯は強火、茶碗蒸しや魚は、材料を入れてから弱火か中火でじっくりと火を通します。蒸し器の蓋を少しずらして、温度が上がりすぎないように。

魚は下ごしらえが大切

素材の持ち味がそのまま出るので、新鮮な材料を使い、ていねいに下ごしらえをします。うろこや内臓をとり除いたあと、熱湯をかけて霜降りをし、さらに汚れを洗い落とします。料理によっては塩や酒で下味をつけたり、フォークで穴をあけて火を通りやすくします。

蒸し上手のコツ

蒸し器に材料を入れすぎないこと。蒸気がよく通るように、均等なすき間を作って並べます。途中でお湯が足りなくなったら、温度を下げないように、必ず熱湯を加えます。蒸し上がったらすぐにとり出し、表面の水分をとばします。

蒸し器を使わない蒸し物

器に入ったものは蒸し器を使わずに、湯せんで蒸すこともできます。鍋に少量のお湯をはり、器を入れて沸騰後、蓋をして弱火に。野菜や肉などを手軽に電子レンジで蒸すときは、材料に酒や水を含ませ、ラップや蓋をします。

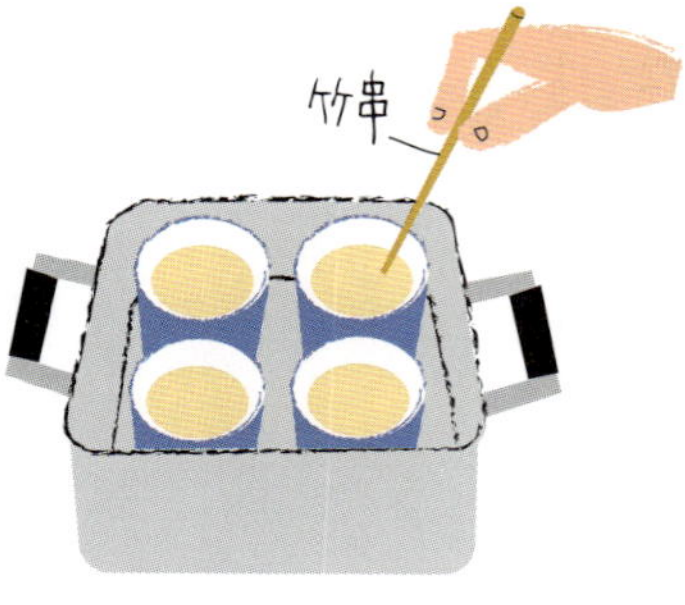

蒸し上がりの見分け方

竹串を静かに刺し、透明な汁が出れば蒸し上がり。野菜なら竹串がスッと通れば、蒸しパンなら竹串に生地がつかなければOK。

蒸し物いろいろ・蒸し方のコツ

卵の蒸し物

茶碗蒸しの他に、うどんを入れた「小田巻き蒸し」、豆腐を入れた「空也蒸し」などがある。火が強すぎると、表面に小さな穴があいて見た目や口当たりが悪くなる。これを「スが立つ」という。

肉の蒸し物

鶏肉や豚肉に、酒をふりかけて蒸す「酒蒸し」と、塩をふって蒸した「塩蒸し」。「酒蒸し」は臭みをとり、風味を増す。「塩蒸し」は素材の味を活かす。

蒸す道具

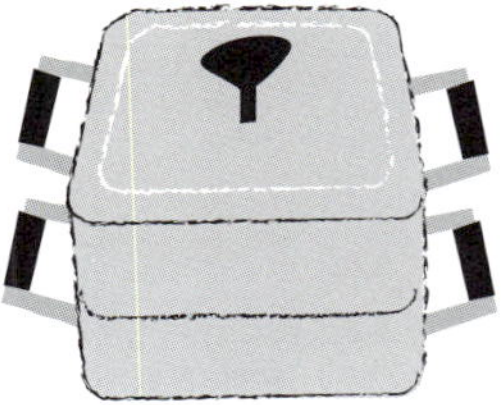

蒸し器

湯を入れる浅鍋と上部が分離している物は、蒸している途中で湯を足せるので、長時間の蒸し物に最適。

魚介の蒸し物

素材を味わう「酒蒸し」、すりおろしたかぶをのせて蒸した「かぶら蒸し」、そばをのせて蒸す「信州蒸し」など。蒸しすぎるとかたくなるので、強火で一気に蒸す。

野菜・さつまいも・じゃがいも

芋、かぼちゃは蒸すと甘みがひきだされておいしい。強火で15分加熱してから中火に。蒸し上がったらざるに上げて蒸気をとばす。

まんじゅう・蒸しパン・おこわ

強火でよく蒸気をあてる。おこわは均一に火を通

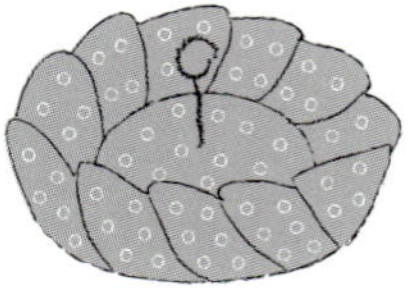

万能蒸し器

手持ちの鍋にセットして使うフリーサイズの蒸し器。鍋によって大きさを調節できる。

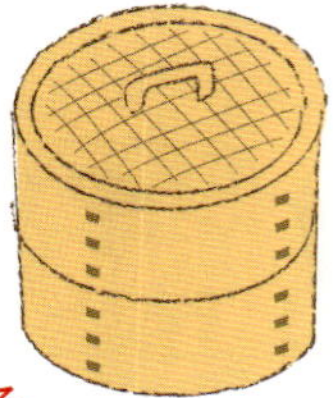

せいろ

湯を入れた鍋にセットして使うタイプ。竹製の蓋が適度に蒸気を通し、きれいに蒸すことができる。

すために、ぬれぶきんを敷いて真ん中をくぼませる。

土瓶蒸し

土瓶を使った蒸し物。あらかじめ吸い物程度に味つけしただし汁を、冷ましてから蒸す。松茸、エビ、銀杏など、香り高く、材料のうま味が引き出される。具は柑橘類をしぼって、だしは器についている猪口《ちょこ》でいただく。

※蒸し物でふきんを使う場合は、ふきんの端が炎に触れないように、輪ゴムで蓋のつまみにとめるなど、注意しましょう。

かぶら蒸し

白身魚やうなぎ、あなごなどにすりおろしたかぶをのせて器ごと蒸す料理。鶏肉などを使うことも。

茶碗蒸し

調理時間:40分
1人分:105kcal

【材料:2人分】

鶏ささ身 ……… 1/2本
エビ …………… 2尾
しいたけ ……… 1枚
ぎんなん ……… 4個
かまぼこ ……… 1枚
三つ葉 ………… 2本
卵 ……………… 1個
A
・だし汁 ……… 150ml
・塩 …………… 小さじ1/4
・薄口しょうゆ … 小さじ1/2
・みりん ……… 小さじ1/2

【作り方】

1　鶏ささ身はそぎ切りにし、しょうゆ少々（分量外）をまぶし、エビは殻をむき、酒少々（分量外）をまぶしておく。しいたけはそぎ切りにし、ぎんなんはフライパンで乾煎りして熱いうちに殻を割り、薄皮をむいておく。かまぼこはいちょう切り、三つ葉は結び三つ葉（▶P125）にする。

2　濃いめのだしをとり、Aを合わせて人肌くらいまで冷ます。卵を泡立てないようといて加え、こし器を通してなめらかにする。

3　器に具を入れて卵液を静かに注ぎ、湯気の上がった蒸し器に入れる。蓋の下にふきんをはさみ、強火で1分半、弱火にして10分ほど蒸し、竹串を刺して透明な汁が出たら蒸し上がり。

ポイント

火が強すぎるとスが立ち、弱すぎると固まりません。お湯が静かに沸騰する程度の弱火で!

Cooking Column

味つけのコツ

家庭料理は、シンプルなものほど、奥深いもの。

料理のでき上がりを左右する味つけのコツを覚えましょう。

味見のしかた

煮汁は、小皿にとって、口全体でじっくりと味を見る。

汁物は、たっぷりの量をとって。

食卓に出す温度に合わせて少し冷まして味を見る。

中まで味をしみ込ませるには

火をとめてから、冷めるまで煮汁の中につけておき、食べる直前に温める。

煮汁はたっぷりにしてゆっくり煮上げる。

鍋が広くて浅いと煮汁が蒸発しやすいので、深めの鍋を使う。

何回も作るとだんだんと自分の味が決まる。継続は力なり。

煮物の火加減（火加減で味が変わる）

れんこんやふきの煮物など、歯ごたえを残すものは強火でさっと煮て火をとめる。

大根やいも類は火が通りにくく、味もしみ込みにくいので、はじめは強火で、調味料を入れたら弱火にしてじっくりと煮含める。

照りを出したいときは、最後に強火で汁をからめる。

名人になるコツ

分量を正確に計って作る。

調味料を入れるタイミング、火加減、火をとめるタイミングに気をつける。

塩やしょうゆは少しずつ足す。濃くなりすぎてから水を足すと味が落ちる。

揚げる

サクサク、カラッと仕上がった揚げ物は人気のメニュー。下ごしらえと油の温度に気をつければ、揚げ物の達人。

揚げ物いろいろ

素材の持ち味を生かして、衣をつけない「素揚げ」、粉をまぶす「から揚げ」、パン粉で包み込む「フライ」、水でといた衣で揚げる「天ぷら」、「フリッター」など。素材は魚介や野菜のほか、卵や豆腐、海藻なども。

揚げ物のコツ

端からそっとすべらせるように静かに入れる。

揚がったら、まっすぐに上に引き上げて油を切る。

おいしさは下ごしらえから

材料に水分が残っていると油がはねて危険なうえ、衣がはがれやすくなります。特に魚介類はペーパータオルでしっかりとふきとって。違う素材を同時に揚げるときは、火の通りが同じになるように大きさをそろえます。

油の温度管理が大切

油の量は深さのある鍋に6分めくらい入れ、材料が泳ぐくらいが適量です。材料は一度にたくさん入れると、温度が下がるので少しずつ揚げます。火力も調節し、適温に保

油の適温と揚げ物

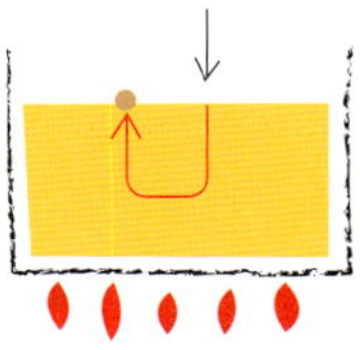

170℃（中温）
真ん中あたりまで沈んで浮き上がる。から揚げ、かき揚げ、野菜の天ぷらなど。

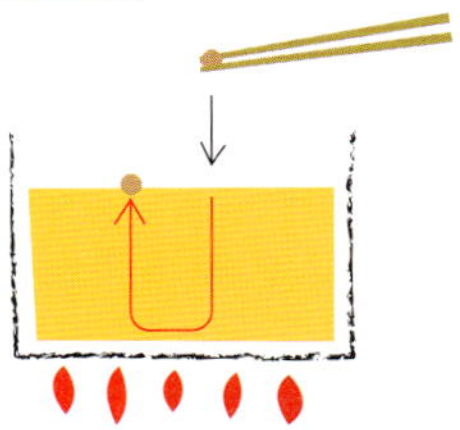

160℃（低温）
衣を油の中に落としたとき、底に沈んでから浮く。揚げもちやクルトンなど。

ちながら揚げるのがコツ。揚げカスは網じゃくしでこまめにとり除きます。

油のあと始末

使った油はあら熱がとれたら、熱いうちにこしてオイルポットで保存すると何度か使うことができます。油は野菜の揚げ物、天ぷら、フライ、下味つきのから揚げの順にいたむので、なるべくこの順番で使い切り、最後は炒め物に利用しましょう。

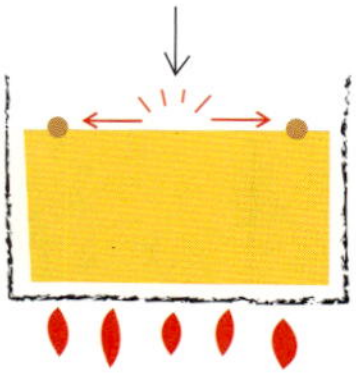

180℃（やや高めの温度）

沈まずにパッと散る。魚の天ぷらやフライ、コロッケなど。

さくさくエビフライ

調理時間:15分
1人分:322kcal

【材料:2人分】

エビ…………… 大6尾
塩･コショウ…… 各少々
卵……………… 1個
小麦粉………… 適量
パン粉………… 適量
揚げ油………… 適量
タルタルソース（▶P153）
つけ合わせ
キャベツ、トマト、レモン
……………… 適量

【作り方】

1　エビは尻尾を残して殻をむき、背ワタをとる。尻尾の先を少し切り落とし、包丁でしごいて中の水分を出す。エビの腹側に包丁でやや斜めに切り目を数箇所入れる。背側両面にも同じ角度で包丁を入れ、まな板に押しつけるようにしてまっすぐに伸ばす。

2　卵に少量の水を加えてときほぐす。エビに塩、コショウして小麦粉を尻尾を除いてまんべんなくまぶし、卵液をくぐらせてパン粉をつける。

3　180度の油できつね色に揚げる。つけ合わせの野菜とともに盛りつける。

ポイント

エビはすぐに火が通るので手早く揚げます。三日月型に曲がってきたら、揚げすぎ。乾燥パン粉を使うときは、霧吹きで少し湿らせると、生パン粉のようなサクサク感が出ます。

ヘルシーノンフライコロッケ

調理時間:40分
1人分:232kcal

【材料:2人分】

じゃがいも ……中2個
豚ひき肉………50g
玉ねぎ…………中1/2個
ナツメグ ………少々
塩·コショウ……各少々
サラダ油 ………大さじ1
パン粉…………1カップ
小麦粉…………適量
卵………………1個

【作り方】

1　玉ねぎをみじん切りにしてサラダ油(分量外)で炒め、透きとおったらひき肉を入れ、ナツメグを加えてさらに炒め、塩、コショウで味をととのえる。

2　じゃがいもは洗ってゆで、熱いうちに皮をむいてつぶす。1を加えて混ぜ、4つに分けて丸く形作る。パン粉にサラダ油を加え、よく混ぜて全体にいきわたらせる。卵に少量の水を加えてときほぐし、小麦粉、卵液、パン粉の順に衣をつける。

3　アルミホイルを手でくしゃくしゃにしわを寄せ、天板にしいてコロッケをのせ、250度のオーブンかオーブントースターで焦げ目がつくまで焼く。

ポイント

コロッケは中に火が通っているので、焼き色がつけばOK。揚げないので油が少なく、低カロリー。

あえる

献立に一品加えると、気分は和食の上級者。
サラダ感覚で季節の野菜をとり入れましょう。

手軽な小鉢料理

あえ物は、下ごしらえした材料をあえごろもや合わせ酢で混ぜ合わせる料理。野菜を使ったヘルシーメニューで箸やすめやおつまみに重宝します。

簡単なようで、おいしく作るにはいくつかのコツがあります。水っぽくなったり、歯ごたえや色が悪くことを防ぐためには、しっかりとした下ごしらえが大切。旬の野菜を使って、様々な味を楽しみましょう。

あえ物の下ごしらえ

生の野菜は塩でもんだり、塩水につけて余分な水分をとり、歯ごたえをよくしておきます。

アクの強いごぼうやうどは酢水につけ、青菜類はさっとゆでて水気を切ります。

アジなどの魚は塩で身をしめたあと、酢の中で洗ったり(酢洗い)、酢の中にしばらく漬け(酢じめ)、余分な水分と臭みを抜いておきます。

ごまの風味がおいしさの決めて

炒りたてごまは香ばしく、仕上がりがひと味違います。弱火にかけて混ぜながら火を通し、パチパチとはねて香ばしい香りがしたら、すり鉢に入れます。すり鉢とすりこ木は、よく乾燥したものを使います。すべらないように濡れぶきんを敷き、円をかくように。あえ物には油がでるくらいなめらかにすりつぶすと、コクが出て濃厚な味わいに仕上がります。

あえごろもいろいろ

ごまあえ

ゆでた青菜、山菜などと合わせて、ごまの風味が食欲をそそります。

【材料】

しょうゆ ……… 大さじ2
だし汁またはみりん
……………… 大さじ1
白ごま ………… 大さじ2

【作り方】

白ごまを炒ってすり鉢で粗めにすりつぶし、しょうゆ、だし汁（みりん）を加える。

白ごまと黒ごま

栄養的にはほとんど差はありませんが、東日本では黒ごま、西日本では白ごまが好まれる傾向があります。

白あえ

にんじん、ほうれん草、小松菜、水菜、たけのこ、しいたけ、しめじなど、さっとゆでた野菜によく合う、豆腐ベースのあえ物の定番。

【材料】

木綿豆腐………… 1/2丁
白ごま ………… 大さじ1
砂糖…………… 大さじ1
しょうゆ ……… 大さじ1/2
みりんまたは酒 … 少々

【作り方】

豆腐をさっとゆでてふきんにとり、水気をよくしぼる。白ごまをすり鉢ですり、豆腐、砂糖、しょうゆを加えてすり混ぜ、みりんまたは酒でやわらかさを調節する。

木の芽味噌

魚介、野菜、田楽などに。たけのこ、山菜などにもよく合う香り豊かなあえ物。

【材料】

木の芽 ………… 1/4カップ
（山椒の新芽）
白味噌（甘味噌） … 大さじ3
みりん ………… 大さじ1と1/2

【作り方】

木の芽をすり鉢ですりつぶし、白味噌とみりんを加えてよくすり混ぜる。

酢味噌

魚介やくせのある野菜に。ねぎやわかめ、貝類、タコ、マグロの赤身などと合わせて。

【材料】

味噌 ………… 大さじ3
砂糖 ………… 大さじ1と1/2
酒またはみりん … 大さじ1と1/2
酢 ………… 大さじ1と1/2
だし汁 ………… 大さじ1/2

【作り方】

ボウルに味噌と砂糖を入れて混ぜ合わせ、酒（みりん）、酢、だし汁でのばす。

黄身酢

魚介やうどなどに合う、まろやかなあえ物。

【材料】

卵黄 ………… 2個分
酢 ………… 大さじ2
だし汁 ………… 大さじ1
塩 ………… 少々
砂糖 ………… 大さじ1と1/2

【作り方】

鍋に卵黄と酢、だし汁、塩を入れて木べらで混ぜ、砂糖を加えて湯せんにかけてとろりとするまで練る。

ほうれん草のごまあえ

調理時間:10分
1人分:30kcal

【材料:2人分】

ごまあえのころも …… 半量
(▶P221)
ほうれん草 …… 1/2束
しょうゆ …… 少々

【作り方】

1　ほうれん草は洗って塩少々(分量外)を入れた湯でさっとゆでて、冷水にさらして水気を切り、軽くしぼってしょうゆをかけてからさらにしぼる。

2　1を5cmに切り、あえごろもであえる。

ポイント

彩りも考えながら盛りつけます。仕上げに天盛り(▶P137)をして美しく飾ってもいいでしょう。

こんにゃくとにんじんの白あえ

調理時間:25分
1人分:88kcal

【材料:2人分】

ごまあえのころも …… 半量
(▶P221)
こんにゃく …… 1/4枚
にんじん …… 2cm
絹さや …… 2枚
白いりごま …… 少々

【作り方】

1　こんにゃくは3～4cm長さの短冊に切り、ゆでこぼして、乾煎りする。にんじんも短冊に切り、硬めにゆでて水気を切る。絹さやはさっとゆでて斜めにせん切りにし、塩少々(分量外)をふる。

2　1をあえごろもであえて、白いりごまをふって盛りつける。

ポイント

あえ物は野菜の水分が出て水っぽくなるので、下準備をしておいて、食べる直前にあえるようにします。

あえ物のコツ

材料の水気はしっかりと切ります。水気が残っていると、あえごろもがなじみにくく、味も変わってしまいます。大きさをそろえて食べやすく切り、余熱が残らないようよく冷ましてから、食べる直前にさっくりとあえます。

漬ける

昔から伝えられてきた、塩や酢、油やぬかに材料を漬け込む方法。本来は保存のためでしたが、味や風味がしみ込み、うま味も引き出されておいしくなります。

塩漬け

塩の持つ、保存と防腐の効果を利用したもの。野菜の一夜漬け、白菜漬け、高菜漬けや、梅干し、柴漬けなども塩漬けの一種。

味噌漬け

味噌にみりんなどを加えた漬け床に、下漬けした野菜や魚、肉を漬けたもの。

ぬか漬け

米ぬかを使った漬け物で、ぬかみそ漬けともいいます。たくあん漬けもこの一種。ぬか床の発酵作用により、ほどよい酸味と風味があります。

粕漬け

下漬けした野菜、魚、肉を酒粕に漬け込んだもの。奈良漬けやわさび漬けも粕漬けの一種。

酢漬け

酢は殺菌、防腐効果があり、漬け込むことで、魚の臭みをとって骨までやわらかくしたり、味や香りをつけられます。ピクルス、甘酢漬け、紅しょうがなど。

砂糖漬け

砂糖液に漬けたり、煮たりして、中まで糖分をしみ込ませ、長期保存できるようにしたもの。ジャムやコンポート、オレンジピールなども仲間。

浸かりすぎたら

漬け物が食べごろを過ぎて、塩気や酸味が強くなってしまったら、水にしばらくつけて、塩抜きをします。それでも辛いときは、細かくきざんで、チャーハンやお茶漬けに。

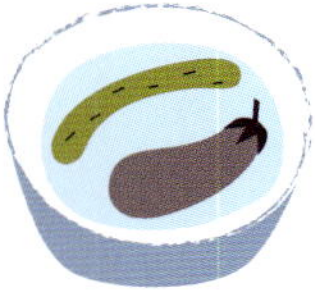

作ってみよう

ねぎ・ハーブの油漬け

油に風味を移してねぎ油、にんにく油、ハーブオイルなどを作ってみましょう。長ねぎは小口切り、にんにくはスライス、ハーブはよく洗って水気をふき、それぞれ密閉できるビンに入れて、サラダ油を注ぎます。1週間くらいで炒め物やドレッシングに使えます。ハーブオイルはパスタなどに。

大葉・バジルの塩漬け

バジルや大葉が残ったら、塩で漬けておくと色も香りもそこなわずに保存できます。洗って水気を切ったバジルや大葉のあいだに、塩をはさみ込みながら、密閉容器に漬け込みます。

味噌漬け、粕漬けの食べ方

焦げやすくなるので、まわりの味噌や粕はとり除き、火加減に注意しながら焼きます。フライパンに、アルミホイルやクッキングシートをのせて焼く方法もあります。

浅漬けを作る

季節の野菜でささっと作る浅漬けはとっても簡単！ 自分で作ると、塩分ひかえめで添加物なし。おばあちゃん直伝風のヘルシーメニューです。

塩もみ

塩をふることで、うま味や甘みを引き出す即席漬け。薄切り野菜に塩をふり、しばらくおいて、しんなりしたら手で軽くもんで、水気をしぼります。大根やかぶ、キャベツ、にんじん、きゅうりなど。酢の物の下ごしらえとしても使われます。塩味だけの浅漬けではものたりないときは、しょうが、みょうが、大葉のせん切りなどを加えると風味が増します。

白菜の浅漬け

1/4株の白菜を漬けてみましょう。大きな漬け物容器がないときは、保存容器や鍋などを利用してもできます。

❶白菜は食べやすい大きさに切り、大さじ1程度の塩を加える。

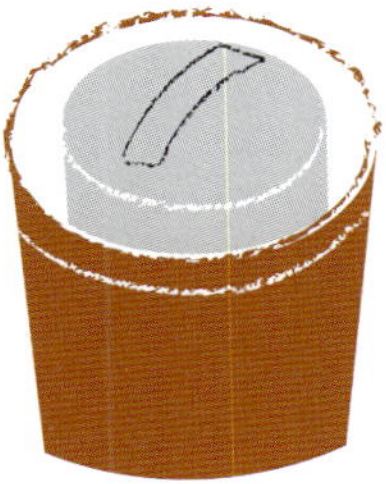

❷手で軽く混ぜてから、ピッタリかぶせられる皿か落とし蓋をして、重石をのせる。（白菜の重さの3倍程度）

❸半日ほどおいて水が上がったら、水気をしぼり、別の容器に移し替える。鷹の爪の小口切り、ゆずの皮のせん切り、にんにく、昆布のせん切りなどを加え、軽く混ぜる。

Cooking Column

簡単! ピクルス

野菜を甘酢に漬けたピクルスは洋風の漬け物。そのまま副菜として、またはサラダに混ぜたり、ハンバーガーやサンドイッチのつけ合わせになどにも活躍します。密閉の瓶にきれいに詰めて保存すれば、カラフルな見た目もたのしめます。

【材料】

きゅうり ……… 1本
にんじん ……… 1本
小玉ねぎ ……… 4個
セロリ ……… 1/2本
カリフラワー … 小1個
その他、大根、かぶ、
パプリカ、トマトなど

【つけ汁の材料】

酢 ……… 1/2カップ
（またはワインヴィネガー）
白ワイン ……… 1/2カップ
水 ……… 1カップ
砂糖 ……… 30g
塩 ……… 大さじ1
ローリエ ……… 1枚
粒コショウ ……… 5粒
鷹の爪 ……… 1個

❶
つけ汁を作る。小鍋につけ汁の材料をすべて合わせて煮立て、そのまま冷ましておく。

❷
食べやすい大きさに切った野菜を沸騰した湯に入れ、さっと火を通し、ざるにあげて水気をよく切る。

❸
きれいに洗って熱湯消毒した保存ビンに野菜を入れ、❶のつけ汁を注ぐ。

❹
きゅうりは翌日から、にんじん、カリフラワーなどは2 ～ 3日おいてからがおいしい。そのまま、またはきざんで。

おもてなしごはん

きのこごはん~混ぜて炊く~

調理時間:30分
1人分:448kcal

【材料:4人分】

米…………3カップ
しめじ…………100g
しいたけ…………100g
A:炊き込み用調味料
·だし汁…………3と1/4カップ
·酒…………大さじ2
·だし昆布…………10cm
·薄口しょうゆ…大さじ3

【作り方】

1　しめじとしいたけは石づきをとり、食べやすく切り、薄口しょうゆをまぶしておく。

2　米を洗い、1と調味料を入れて普通に炊く。

3　炊き上がったら全体をさっくりと混ぜて盛りつける。

たけのこごはん~具を下煮し炊く~

調理時間:75分
1人分:480kcal

【材料:4人分】

米	3カップ
ゆでたけのこ	150g
油揚げ	2枚
だし汁	1/2カップ
薄口しょうゆ	大さじ2
砂糖	大さじ1
木の芽	適量
A:調味料	
・水	3と1/4カップ
・酒またはみりん	大さじ2
・だし昆布	10cm
・塩	小さじ1/2

【作り方】

1　米は炊く30分前に洗い、水、酒、切れ目を入れただし昆布を加えておく。

2　ゆでたけのこはさっと洗って薄い短冊切りにする。油揚げは熱湯をかけて油抜きし、短冊切りにする。鍋にだし汁を煮立て、たけのこと油揚げを入れてひと煮立ちさせ、薄口しょうゆ、砂糖を加えて煮汁がほとんどなくなるまで煮る。

3　1に塩と2を加え、ひと混ぜして普通に炊く。炊き上がったら10～15分むらし、昆布を除いてふんわりと混ぜ、盛りつけて木の芽をのせる。

ごはんの炊き方

1　正確に計る

炊飯器専用の計量カップ（180ml）に米を山盛りに入れ、カップのふちにそって平らにならす（すりきり1杯）。

2　米を洗う

たっぷりの水で米粒が軽くこすれあう程度に手早く洗い、水をかえ3～4回すすぐ。

3　炊飯器に洗った米を入れ、

水位線にあわせて水加減する。炊き上がったらごはんを返すようにかるく混ぜると、余分な水分が飛んでふっくら仕上がる。

！

現在は精米技術が発達して、ぬかはあまりついていないので、強く研がないこと。

「無洗米」の場合は、さっと一度流すだけで十分。

すし飯

参考：1人分469kcal

【材料】

米……………3カップ
水……………3カップ
昆布10cmでごはんを炊く
A：すし用合わせ酢
・酢……………大さじ4
・砂糖…………大さじ4
・塩……………小さじ1と1/2

【作り方】

炊き上がったごはんから昆布を除き、熱いうちに合わせ酢をまわしかけてさっくりとすくいあげるように混ぜ、風を送って手早く冷ます。

ばらちらし

調理時間:45分　(冷ます時間は含みません)
1人分:576kcal

【材料】

すし飯	(▶P233)
錦糸玉子	(▶P199)
刺し身(鯛など)	50g
むきエビ	50g
いくら	大さじ1
干ししいたけ	5枚
にんじん	3cm
ごぼう	小1本
れんこん	小3cm
三つ葉	8本
A:煮汁	
・だし汁	1/2カップ
・薄口しょうゆ	大さじ1
・みりん	大さじ1
・砂糖	小さじ1

【作り方】

1　干ししいたけは水で戻し、軸をとって薄切りにする。にんじん、ごぼうはささがきにし、れんこんは薄いいちょう切りにする。ごぼうとれんこんは水にさらして水気をよく切る。

2　鍋にAを煮立て、1を加えて汁気がなくなるまで煮含める。むきエビは塩(分量外)を加えてゆでてさます。刺し身は削ぎ切りにして白しょうゆ少々(分量外)で洗う。

3　すし飯に2を混ぜ込み、冷めたら器に盛りつける。錦糸玉子、刺し身、エビ、いくら、ざく切りの三つ葉を散らす。

ポイント

豪華に見えるごちそうですが、混ぜて飾るだけなのでパーティーや記念日におすすめ。木の芽や煮穴子など手に入る具材でアレンジを。

(左ページ写真)　上:いなりずし(▶P236)
中:押しずし(▶P236)
下:ばらちらし

押しずし

1人分:193kcal

【材料】

すし飯…………1合分
(▶P233)
ばらちらしの野菜を
…………………1/4量
スモークサーモン
…………………3～4切れ

【作り方】

押し枠または型にラップを敷いてスモークサーモンを敷き詰め、すし飯の半量を詰め、残りのすし飯に煮た具材を混ぜて重ね、ぎゅっと押して裏返し、枠からはずして切る。

いなりずし

1人分:380kcal

【材料】

すし飯…………半量
(▶P233)
お好みで甘酢しょうがをきざんですし飯に混ぜる。
油揚げ…………4枚
しょうゆ ………大さじ3
みりん …………大さじ3
砂糖……………大さじ3
水………………150ml

【作り方】

1　油揚げは熱湯をかけて油抜き(▶P73)し、半分に切って袋に開く。鍋に調味料と水を合わせて油揚げを入れ、約10分煮含める。

2　油揚げの汁気を切ってすし飯を詰め、口の部分を折ってとじる。

チーズリゾット

調理時間:30分
1人分:344kcal

【材料:2人分】

米……………… 2/3カップ
玉ねぎ………… 1/4個
にんにく……… 小1かけ
オリーブ油…… 大さじ1
バター………… 10g
白ワイン……… 大さじ3
湯……………… 2カップ強
固形コンソメ… 1個
パルメザンチーズ(粉)
……………… 大さじ2
塩・コショウ… 各少々

【作り方】

1　玉ねぎはみじん切り、にんにくは薄切りにする。コンソメを湯にとかしておく。

2　鍋にオリーブ油とにんにくを入れて火にかけ、にんにくが色づいて香りが出たらとり出し、バターを加えてとかす。玉ねぎを加えてよく炒め、米を洗わずに入れて透きとおるまで炒める。白ワインを加え、手早く混ぜて1のコンソメスープをかぶるくらいまで入れ、焦がさないように煮る。

3　残りのスープを少しずつ加えながら煮て、米の中心に少し芯が残る程度で火をとめる。パルメザンチーズを加え、塩、コショウで味をととのえる。

ポイント

チーズはかたまりのものをおろして使うと風味良く仕上がります。

パエリヤ

調理時間:45分
1人分:457kcal

【材料:4人分】

米……………… 2カップ
ムール貝……… 4個
エビ…………… 4尾
レモン………… 1/4個
にんにく……… 1かけ
あらびきソーセージ
……………… 4本
ピーマン……… 1個
トマト………… 小1個
オリーブ……… 適量
オリーブ油…… 大さじ2
A:スープ
・湯…………… 2カップ
・サフラン…… 小さじ1
・固形コンソメ… 1個
・コショウ…… 少々

【作り方】

1　Aをボウルに入れて30分おく。ムール貝はよく洗い、エビは背ワタをとる（▶P97）。にんにくはみじん切り、ピーマンは小口切り、トマトは粗みじんに切る。

2　パエリヤ鍋にオリーブ油とにんにくを入れて火にかけ、ピーマン、トマトを順に加えて炒め、米を洗わずに入れて炒め合わせ、平らにならしてAを加え、中火で煮る。

3　煮立ったらムール貝、エビ、ソーセージを並べて蓋をし、弱火で10分むらす。炊き上がったらオリーブを散らし、レモンを添える。

ポイント

ムール貝をハマグリに代えるなど、お好みの具材でたのしめます。

付録

料理の言葉、索引

料理に関する基本的な言葉を集めました。
「索引」は料理に関する言葉を五十音順に並べ、
くわしい説明が記載されたページを表示しています。

基本の料理用語

基本の料理用語をおぼえておけば、レシピがよくわかり、料理がたのしくなってきます。

【火加減】

強火…鍋底に火が勢いよくあたる火加減。沸騰させるときや中華料理の炒め物などに。

中火…鍋底に火があたるかあたらないかの中くらいの火加減。特に指定がないときはこの火加減。

弱火…鍋底に火があたらないくらいの火加減。水分の表面がわずかにゆれる程度の火力。

とろ火…弱火よりもさらに小さな火加減。長時間煮込むときなどに。

【ひと煮立ち】…一度沸騰してから、ひと呼吸おいてすぐ。ひと煮立ちしてから火をとめたり、弱火にしたりします。

【水加減】

ひたひた…材料の頭が見え隠れするくらいの水の量。(▼P132)

かぶるくらい…材料の頭がちょうど隠

れるくらいの水の量。（▼P132）

たっぷりの…材料が水にたっぷりとつかった状態。（▼P131）

【ゆでる】…熱湯で材料を加熱すること。（▼P108）

【ゆがく】…「ゆでる」よりも短い時間で加熱すること。（▼P112）

【ゆでこぼす】…材料をゆでたあと、そのゆで汁を捨てること。（▼P112）

【煮詰める】…汁気のあるものの水分をとばして煮ること。味を凝縮させること。「炒り煮」は炒ってから調味料を加え、水分をとばしながら煮ること。

【煮含める】…薄味の煮汁で、ゆっくりと弱火で味を含ませるように煮ること。

【煮きる】…煮ることで、酒やみりんに含まれるアルコール分をとばすこと。

【煮ころがす】…少ない煮汁で汁気がなくなるように煮上げること。芋類など煮くずれしやすいものに。

【味をととのえる】…味つけの仕上げ。足りない味を補ったり、風味づけの調味料を足したりすること。

【少量と少々】

少量…ひとつまみ。親指、人差し指、中指の3本でつまんだ量。(▼P60)

少々…少量よりも少なく、親指と人差し指の2本でつまんだ量。(▼P60)

【適量と適宜】

適量…適切な量を加減して入れる、という意味。

適宜…状況に合わせて、という意味。必要なければ入れなくてもよい。

【予熱と余熱】

予熱…オーブンなどを、あらかじめ温めておくこと。

余熱…火をとめた後、鍋やフライパン、オーブンなどに残った熱。

【あら熱をとる】…加熱した素材をほどほどに冷ますこと。そのまま数分おいておき、手でさわれるくらいが目安。

【乾煎り(からいり)】…フライパンに油をひかずに火にかけること。余分な水分をとばし、炒ること。

【鍋肌】…鍋の内側の面。「調味料を鍋肌に」は、材料に直接かけずに、風味をつけるため鍋肌にかけて水分をとばすこと。

【解凍】…冷凍した食品を戻すこと。肉や魚などは菌の繁殖を防ぐために冷蔵庫での「自然解凍」、野菜類は急速に解凍する「加熱解凍」がおすすめ。

自然解凍…そのままおいておき、とけるのを待つ。

流水解凍…水につけたり、水道水をかけ流したりする。

加熱解凍…凍ったまま揚げたり焼いたり加熱調理する。

電子レンジ解凍…電子レンジの解凍機能を使う。

索引

【あ】

【た】

【な】

【は】

本書は、『いちばんわかりやすい　お料理の基本』
（2008年9月／毎日コミュニケーションズ刊）を文庫化したものです。

Profile

クレア

どこにでもある身近な食材を使った、誰でもカンタンにできるおいしい家庭料理。そんなコンセプトのメニュー提案からスタートしたお料理研究チームがお料理ユニット「クレア」。働く女性のための簡単レシピからダイエットメニューや食育活動まで。身近な食を探求する「おいしいシンクタンク」です。

【参考資料】
●「生きもの」感覚で生きる（中村桂子　著／講談社）●食の検定　食農3級公式テキストブック（食の検定協会　編／発売：（社）農山漁村文化協会）●食育のすすめ（服部幸應　著／マガジンハウス）●食文化誌Vesta　2007　SPRING　No.66（（財）味の素　食の文化センター）●冠婚葬祭実用大事典（主婦の友社　編著）●基本の台所（浅田峰子　著／グラフ社）●図解めんどくさいをなくす台所仕事事典（白井操　著／講談社）●おばあちゃんの直伝本物料理術（井上鶴子・井上よしみ　著／主婦と生活社）●オール図解　家事のコツ　早わかりノート（主婦と生活社編著）●なるほど、料理のことば（ベターホーム協会　編／ベターホーム出版局）●食材クッキング事典（学研）●日本食品大事典（医歯薬出版株式会社）●服部幸應の食育の本（（株）グリーンハンド「笑う食卓」編集室）●食品成分表（大修館書店）

マイナビ文庫

いちばんわかりやすい
料理のきほん

2015年3月31日　初版第1刷発行

編著者　クレア
発行者　中川信行
発行所　株式会社マイナビ
〒100-0003 東京都千代田区一ツ橋1-1-1 パレスサイドビル
TEL 048-485-2383（注文専用ダイヤル）
TEL 03-6267-4477（販売）／TEL 03-6267-4445（編集）
E-mail pc-books@mynavi.jp ／ URL http://book.mynavi.jp

カバーデザイン　米谷テツヤ（PASS）
底本デザイン　谷口純平想像力工房
執筆協力　水野昌美、不破千也子(管理栄養士)
イラスト　あかえばし洋子
撮影　中西多恵子
印刷・製本　図書印刷株式会社

ISBN978-4-8399-5541-0
Printed in Japan